Üben ❶ Rechne zuerst den Überschlag und addiere dann in mehreren Schritten.

Ü: $300 + 400 = 700$

3	1	7	+	3	6	7	=		
3	1	7	+	3	0	0	=		
6	1	7	+		6	0	=		
6	7	7	+			7	=		

Ü: ....

4	5	9	+	3	2	4	=		

AF203572

Ü: ....

8	3	7	+	9	2	=		

Ü: ....

6	6	4	+	2	5	8	=		

Ü: ....

5	8	1	+	4	0	9	=		

Ü: ....

2	1	0	+	5	8	9	=		

Ü: ....

2	3	3	+	7	6	7	=		

Ü: ....

5	6	9	+	3	0	4	=		

Halbschriftlich addieren und subtrahieren

Addieren in mehreren Schritten

Lösung ❶ Für jedes richtige Endergebnis gibt es 1 Punkt.

Ü: $300 + 400 = 700$

$317 + 367 = 684$
$317 + 300 = 617$
$617 + 60 = 677$
$677 + 7 = 684$

Ü: $500 + 300 = 800$

$459 + 324 = 783$
$459 + 300 = 759$
$759 + 20 = 779$
$779 + 4 = 783$

Ü: $800 + 100 = 900$

$837 + 92 = 929$
$837 + 90 = 927$
$927 + 2 = 929$

Ü: $700 + 300 = 1\,000$

$664 + 258 = 922$
$664 + 200 = 864$
$864 + 50 = 914$
$914 + 8 = 922$

Ü: $600 + 400 = 1\,000$

$581 + 409 = 990$
$581 + 400 = 981$
$981 + 9 = 990$

Ü: $200 + 600 = 800$

$210 + 589 = 799$
$210 + 500 = 710$
$710 + 80 = 790$
$790 + 9 = 799$

Ü: $200 + 800 = 1\,000$

$233 + 767 = 1\,000$
$233 + 700 = 933$
$933 + 60 = 993$
$993 + 7 = 1\,000$

Ü: $600 + 300 = 900$

$569 + 304 = 873$
$569 + 300 = 869$
$869 + 4 = 873$

Üben ❷ Löse die Rechenketten.

| 183 | + 84 → | | + 329 → | | + 241 → | |

| 64 | + 125 → | | + 198 → | | + 204 → | |

| 111 | + 166 → | | + 294 → | | + 79 → | |

| 209 | + 195 → | | + 137 → | | + 378 → | |

Lösung 2 Für jedes richtige Endergebnis einer Kette gibt es 3 Punkte.

Kette 1:

183 + 84 = 267	267 + 329 = 596	596 + 241 = 837
183 + 80 = 263	267 + 300 = 567	596 + 200 = 796
263 + 4 = 267	567 + 20 = 587	796 + 40 = 836
	587 + 9 = 596	836 + 1 = 837

Kette 2:

64 + 125 = 189	189 + 198 = 387	387 + 204 = 591
64 + 100 = 164	189 + 100 = 289	387 + 200 = 587
164 + 20 = 184	289 + 90 = 379	587 + 4 = 591
184 + 5 = 189	379 + 8 = 387	

Kette 3:

111 + 166 = 277	277 + 294 = 571	571 + 79 = 650
111 + 100 = 211	277 + 200 = 477	571 + 70 = 641
211 + 60 = 271	477 + 90 = 567	641 + 9 = 650
271 + 6 = 277	567 + 4 = 571	

Kette 4:

209 + 195 = 404	404 + 137 = 541	541 + 378 = 919
209 + 100 = 309	404 + 100 = 504	541 + 300 = 841
309 + 90 = 399	504 + 30 = 534	841 + 70 = 911
399 + 5 = 404	534 + 7 = 541	911 + 8 = 919

Üben 2   **Punkte**

Üben ❸ Rechne zuerst den Überschlag und addiere dann in mehreren Schritten.

Ü: 800 − 400 = 400

8 2 6 − 4 1 7 =

Ü: ....

6 2 3 − 4 7 5 =

Ü: ....

9 5 4 − 2 8 2 =

Ü: ....

5 7 3 − 3 0 6 =

Ü: ....

4 9 5 − 1 3 3 =

Ü: ....

9 2 4 − 4 7 8 =

Ü: ....

6 4 3 − 6 7 =

Ü: ....

8 7 9 − 7 0 4 =

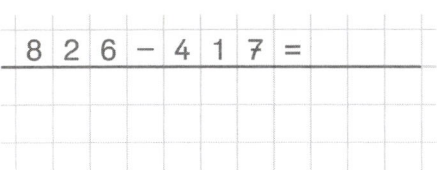

Halbschriftlich addieren und subtrahieren

Subtrahieren in mehreren Schritten

Lösung ❸ Für jedes richtige Endergebnis gibt es 1 Punkt.

Ü: 800 − 400 = 400

826 − 417 = 409

826 − 400 = 426

426 − 10 = 416

416 −   7 = 409

Ü: 600 − 500 = 100

623 − 475 = 148

623 − 400 = 223

223 − 70 = 153

153 −   5 = 148

Ü: 1 000 − 300 = 700

954 − 282 = 672

954 − 200 = 754

754 − 80 = 674

674 −   2 = 672

Ü: 600 − 300 = 300

573 − 306 = 267

573 − 300 = 273

273 −   6 = 267

Ü: 500 − 100 = 400

495 − 133 = 362

495 − 100 = 395

395 − 30 = 365

365 −   3 = 362

Ü: 900 − 500 = 400

924 − 478 = 446

924 − 400 = 524

524 − 70 = 454

454 −   8 = 446

Ü: 600 − 100 = 500

643 − 67 = 576

643 − 60 = 583

583 −   7 = 576

Ü: 900 − 700 = 200

879 − 704 = 175

879 − 700 = 179

179 −   4 = 175

Üben ❸   Punkte

Üben  Ergänze die fehlenden Zahlen in den Rechenmauern.

827
364
208

946
379
284

713
344
142

Lösung ❹ Für jede richtige Zahl gibt es 1 Punkt.

Üben ❹   **Punkte**

Üben ⑤ Überschlage zuerst und addiere dann schriftlich.

Ü: 100 + 400 = 500   Ü: ....

```
    1 2 4            2 5 6
  + 3 7 5          + 5 3 2
```

Ü: ....   Ü: ....   Ü: ....

```
    7 0 4            3 3 5            4 9 7
  + 2 9 1          + 3 4 0          + 2 0 2
```

Ü: ....   Ü: ....   Ü: ....

```
    7 4 3            1 8 6            3 2 2
  + 1 5 6          + 8 0 3          + 4 1 7
```

Ü: ....   Ü: ....   Ü: ....

....

```
    5 2 5            6 1 2            2 4 6
    3 6 1              3 6            6 2 2
  +   1 2          +   3 1          + 1 3 1
```

Schriftlich addieren
Addieren ohne Übertrag

Lösung ❺ Für jedes richtige Ergebnis gibt es 1 Punkt.

Ü: 100 + 400 = 500

$$\begin{array}{r} 124 \\ + 375 \\ \hline 499 \end{array}$$

Ü: 300 + 500 = 800

$$\begin{array}{r} 256 \\ + 532 \\ \hline 788 \end{array}$$

Ü: 700 + 300 = 1 000

$$\begin{array}{r} 704 \\ + 291 \\ \hline 995 \end{array}$$

Ü: 300 + 300 = 600

$$\begin{array}{r} 335 \\ + 340 \\ \hline 675 \end{array}$$

Ü: 500 + 200 = 700

$$\begin{array}{r} 497 \\ + 202 \\ \hline 699 \end{array}$$

Ü: 700 + 200 = 900

$$\begin{array}{r} 743 \\ + 156 \\ \hline 899 \end{array}$$

Ü: 200 + 800 = 1 000

$$\begin{array}{r} 186 \\ + 803 \\ \hline 989 \end{array}$$

Ü: 300 + 400 = 700

$$\begin{array}{r} 322 \\ + 417 \\ \hline 739 \end{array}$$

Ü: 500 + 400 + 10 = 910

$$\begin{array}{r} 525 \\ 361 \\ + 12 \\ \hline 898 \end{array}$$

Ü: 600 + 40 + 30 = 670

$$\begin{array}{r} 612 \\ 36 \\ + 31 \\ \hline 679 \end{array}$$

Ü: 200 + 600 + 100 = 900

$$\begin{array}{r} 246 \\ 622 \\ + 131 \\ \hline 999 \end{array}$$

Üben ❻

Am Wochenende war schönes Wetter und viele Menschen zog es ins Schwimmbad. Am Freitag kamen 245, am Samstag 302 und am Sonntag 431 Besucher. Wie viele Besucher waren während der drei Tage im Schwimmbad?

Rechnung:

Antwort: ....

Üben ❼

Der Eisverkäufer Mario verkaufte am Sonntag 357 Kugeln Schokoladeneis und 321 Kugeln Vanilleeis. Sein Kollege Roberto verkaufte insgesamt 687 Kugeln Eis.
Wie viele Kugeln verkaufte Mario insgesamt?
Verkaufte er mehr oder weniger als Roberto?

Rechnung:

Antwort: ....
....

Schriftlich addieren
Textaufgaben

Lösung ⑥ Für das richtige Ergebnis gibt es 2 Punkte. Für die richtige Antwort gibt es 1 Punkt.

Rechnung:

```
    245
    302
 +  431
 ───────
    978
```

Antwort: Während der drei Tage waren 978 Besucher im Schwimmbad.

Lösung ⑦ Für das richtige Ergebnis gibt es 2 Punkte. Für jede richtige Antwort gibt es 1 Punkt.

Rechnung:

```
    357
 +  321
 ───────
    678
```

Antwort: Mario verkaufte insgesamt 678 Kugeln Eis.
Mario verkaufte 9 Kugeln weniger als Roberto.

Üben ❽ Schreibe die Zahlen stellengerecht untereinander und addiere dann schriftlich.

274 + 327	175 + 26	471 + 242

222 + 285	723 + 177	591 + 195

316 + 516	365 + 365	96 + 125

283 + 57	511 + 399	173 + 289

```
    2 7 4
  + 3 2 7
    1 1
  = 6 0 1
```

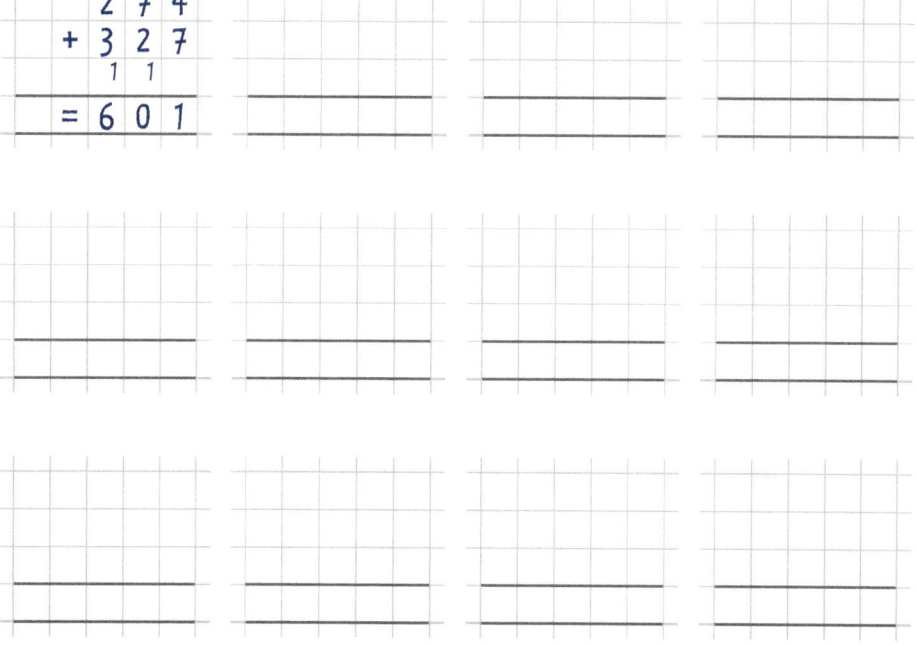

Schriftlich addieren
Addieren mit Übertrag

Lösung ⑧ Für jedes richtige Ergebnis gibt es 1 Punkt.

274	175	471	222
+ 327	+ 26	+ 242	+ 285
11	11	1	1
= 601	= 201	= 713	= 507

723	591	316	365
+ 177	+ 195	+ 516	+ 365
11	1	1	11
= 900	= 786	= 832	= 730

96	283	511	173
+ 125	+ 57	+ 399	+ 289
11	11	11	11
= 221	= 340	= 910	= 462

TIPP

Beim schriftlichen Addieren entsteht immer dann ein Übertrag,
wenn durch das Addieren das Ergebnis eines Stellenwertes
gleich oder größer als 10 ist. Schreibe auch den Übertrag
stellengerecht auf.

Üben ⑧ ___ Punkte

Üben ❾ Schreibe die Aufgaben aus jeder Schublade
stellengerecht untereinander und addiere schriftlich.

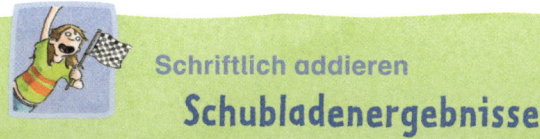

Schubladenergebnisse

Lösung ⑨ Für jedes richtige Ergebnis gibt es 1 Punkt.

```
                                              575
    237              658              69
  + 484            + 146            + 217
   1 1              1 1              1 2
  ─────            ─────            ─────
   721              804              861
```

```
                                              320
    324              182              173
  + 577            + 609            + 507
   1 1               1             1 1 1
  ─────            ─────            ──────
   901              791             1 000
```

TIPP

Achte darauf, dass du die Zahlen stellengerecht untereinanderschreibst. Dabei hilft dir eine Stellenwerttafel.

Hunderter (H)	Zehner (Z)	Einer (E)
2	8	9

Üben 10 Größer, kleiner oder gleich?
Setze das passende Zeichen (>, <, =) ein.

423 + 281   ⬤   186 + 518

763 + 86   ⬤   392 + 439

274 + 636   ⬤   425 + 559

175 + 797   ⬤   608 + 384

548 + 346   ⬤   266 + 628

187 + 713   ⬤   423 + 476

Schriftlich addieren
Aufgaben vergleichen

Lösung ⑩ Für jedes richtige Zeichen gibt es 1 Punkt.

423 + 281	=	186 + 518	(704 = 704)
763 + 86	>	392 + 439	(849 > 831)
274 + 636	<	425 + 559	(910 < 984)
175 + 797	<	608 + 384	(972 < 992)
548 + 346	=	266 + 628	(894 = 894)
187 + 713	>	423 + 476	(900 > 899)

TIPP

Für den Vergleich von Zahlen gibt es folgende Zeichen:

= gleich,

< ist kleiner als,

> ist größer als,

< und > öffnen sich immer zur größeren Zahl.

4 < 9   9 > 4

Üben ① Ergänze die fehlenden Zahlen in den Aufgaben.

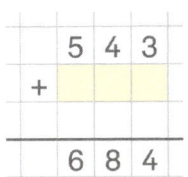

```
    5 4 3          1 7 1          3 2 6                
  +                +              +            + 2 0 6
  ─────────      ─────────      ─────────    ─────────
    6 8 4          5 2 1          4 4 1          9 7 2
```

```
  + 6 4 0        + 5 9 6          + 2   6        +   5 5
  ─────────      ─────────                      
                                    3 8          4   7
```

```
  + 6 4 0        + 5 9 6          + 2   6        +   5 5
  ─────────      ─────────      ─────────      ─────────
    8 2 3          7 5 2          9 4            6 5
```

```
    2 9            4 8 6          1 4 8               
  +   3 1        +              +            + 3 1 6
  ─────────      ─────────      ─────────    ─────────
    5   9          7 8 8          9 2 9          5 9 3
```

```
                  4   1            2 4            2   5
  + 6 7 2        + 3 6          + 2 9          +   7 8
  ─────────      ─────────      ─────────      ─────────
    8 6 9            7 0          8   7          4 4
```

```
    6 1            5 8
  +     6        + 4   7
  ─────────      ─────────
      1 3          8 1
```

Schriftlich addieren
Fehlende Zahlen ergänzen

Fehlende Zahlen ergänzen

Lösung ⑪ Für jede richtig ergänzte Aufgabe gibt es 1 Punkt.

	543		171		326		766
+	141	+	350	+	115	+	206
			1		1		1
	684		521		441		972

	183		156		738		497
+	640	+	596	+	206	+	155
	1		1 1		1		1 1
	823		752		944		652

	298		486		148		277
+	231	+	302	+	781	+	316
	1				1		1
	529		788		929		593

	197		401		524		265
+	672	+	369	+	293	+	178
	1		1		1		1 1
	869		770		817		443

	617		358
+	96	+	457
	1 1		1 1
	713		815

Üben ⑪   Punkte

Üben 12 Löse die Rechenrätsel.

Dreihundertneunundsiebzig plus einhundertfünf plus vierhundertachtundsechzig.

....

Bilde aus den Ziffern 6, 1, 5 die größte und die kleinste dreistellige Zahl und addiere sie.

....

Subtrahiere von einer gedachten Zahl zuerst 185. Subtrahiere dann noch 463 und du erhältst 122. Wie heißt die gedachte Zahl?

....

Addiere den Vorgänger von 500 und das Doppelte von 176.

....

Schriftlich addieren
Rechenrätsel

Lösung ⑫ Für jedes richtig gelöste Rätsel gibt es 1 Punkt.

Rätsel 1:

```
   379
   105
 + 468
   1 2
 ─────
   952
```

neunhundertzweiundfünfzig

Rätsel 2:

```
   651
 + 156
   1
 ─────
   807
```

Rätsel 3:

```
   122
   463
 + 185
   1 1
 ─────
   770
```

Rätsel 4:

```
   499
   176
 + 176
   2 2
 ─────
   851
```

Üben ⑬ Die Tabelle zeigt den Endstand beim
Fahrradwettbewerb. Bei jedem Teilnehmer wurden
Schnelligkeit und Geschicklichkeit bewertet.
Welches Team hat den Wettbewerb gewonnen?
Wer war der beste Fahrer oder die beste Fahrerin?

Team 1		Team 2		Team 3	
Theo	173 Punkte	Noah	247 Punkte	Sami	196 Punkte
	256 Punkte		185 Punkte		243 Punkte
Selma	208 Punkte	Lilli	204 Punkte	Hanna	239 Punkte
	194 Punkte		288 Punkte		211 Punkte

Rechnung:

Antwort: . . . .

. . . .

Schriftlich addieren
Textaufgabe

Lösung 13 Für jedes richtige Teamergebnis gibt es 2 Punkte.
Für jede richtige Antwort gibt es 1 Punkt.

Rechnung:

Team 1:

Theo	Selma	
173	208	429
+ 256	+ 194	+ 402
1	11	1
429	402	831

Team 2:

Noah	Lilli	
247	204	432
+ 185	+ 288	+ 492
11	1	1
432	492	924

Team 3:

Sami	Hanna	
196	239	439
+ 243	+ 211	+ 450
1	1	
439	450	889

Antwort: Gewonnen hat Team 2. Die beste Fahrerin war Lilli.

Üben 14 Gleiche Zeichen bedeuten gleiche Zahlen.
Finde die Zahlen heraus.

$69 + 79 = ★$ $★ =$ ....
$79 + ✿ = 168$ $✿ =$ ....
$69 + ✦ = 128$ $✦ =$ ....
$✦ + ✿ = ★$

$179 + 267 = ■$ $■ =$ ....
$145 + ♥ = ■$ $♥ =$ ....
$■ + ♥ = ▲$ $▲ =$ ....

$333 + ● = 444$ $● =$ ....
$✪ + ✪ = ✳$ $✪ =$ ....
$✳ + ● = 999$ $✳ =$ ....

Sehr
knifflig!

Schriftlich addieren
Knobelaufgaben

Lösung 14 Für jede richtig errechnete Symbolzahl gibt es 1 Punkt.

69 + 79 = 148   ★ = 148

79 + 89 = 168   ✿ = 89

69 + 59 = 128   ✤ = 59

59 + 89 = 148

179 + 267 = 446   ■ = 446

145 + 301 = 446   ♥ = 301

446 + 301 = 747   ▲ = 747

333 + 111 = 444   ● = 111

444 + 444 = 888   ✪ = 444

888 + 111 = 999   ✳ = 888

Üben 15

Immer zwei Zahlen gleicher Farbe ergeben nacheinander gelesen die Ziffern einer Loszahl. Alle Loszahlen zusammen ergeben die Glückszahl. Wie lautet diese?

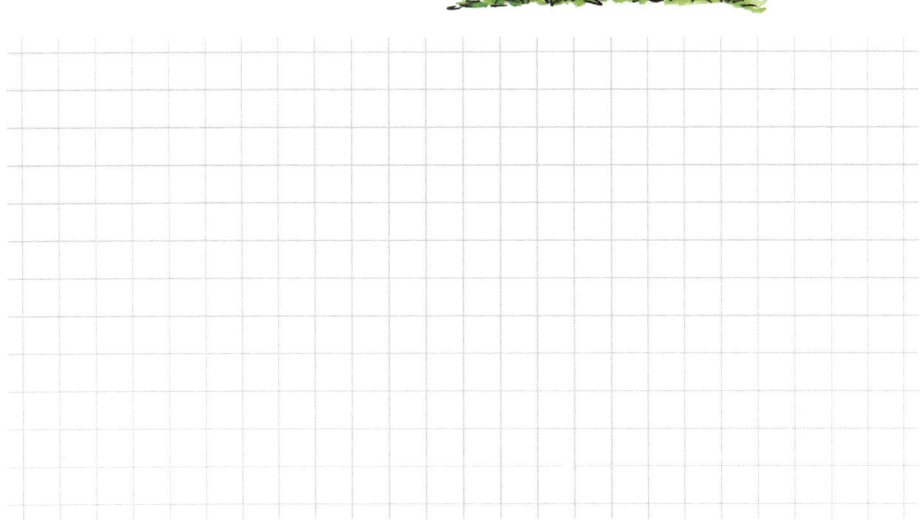

26 + _____ + _____ + _____ + _____ = ...

Die Glückszahl lautet:

Lösung ⑮ Für jede richtige Loszahl gibt es 1 Punkt und für die richtige Glückszahl gibt es 1 Punkt.

26 + 70 + 34 + 70 + 34 = 279

Die Glückszahl lautet:

279

Üben 16   Überschlage zuerst und subtrahiere dann schriftlich.

Ü: 600 − 300 = 300   Ü: ....   Ü: ....

```
    6 2 7            4 8 6            9 3 9
  − 3 1 6          − 2 4 5          − 8 2 7
```

Ü: ....   Ü: ....   Ü: ....

```
    7 7 5            8 9 4            3 5 8
  − 5 1 3          − 1 8 1          − 2 4 2
```

Ü: ....   Ü: ....   Ü: ....

```
    5 7 9            4 6 3            6 9 0
  − 2 5 6          − 3 0 2          − 5 7 0
```

Ü: ....   Ü: ....

```
    7 3 5            9 6 8
  − 6 1 1          − 3 0 4
```

Subtrahieren ohne Übertrag

Lösung 16 Für jedes richtige Ergebnis gibt es 1 Punkt.

Ü: 600 − 300 = 300
```
  627
− 316
─────
  311
```

Ü: 500 − 200 = 300
```
  486
− 245
─────
  241
```

Ü: 900 − 800 = 100
```
  939
− 827
─────
  112
```

Ü: 800 − 500 = 300
```
  775
− 513
─────
  262
```

Ü: 900 − 200 = 700
```
  894
− 181
─────
  713
```

Ü: 400 − 200 = 200
```
  358
− 242
─────
  116
```

Ü: 600 − 300 = 300
```
  579
− 256
─────
  323
```

Ü: 500 − 300 = 200
```
  463
− 302
─────
  161
```

Ü: 700 − 600 = 100
```
  690
− 570
─────
  120
```

Ü: 700 − 600 = 100
```
  735
− 611
─────
  124
```

Ü: 1 000 − 300 = 700
```
  968
− 304
─────
  664
```

Üben 16   **Punkte**

Üben ⑰ Für ein Sonntagskonzert von Toni Tenor gibt es

875 Karten. Am Freitag werden 231 Karten verkauft, am Samstag
323 Karten. Wie viele Karten sind am Sonntag noch übrig?

Rechnung:

Antwort: ....

Am Sonntag ist das Konzert ausverkauft. Von den 875 Zuhörern
sind 431 Männer. Wie viele Frauen sind im Konzert?

Rechnung:

Antwort: ....

Schriftlich subtrahieren
Textaufgabe

Lösung ⑰ Für das richtige Ergebnis gibt es 4 Punkte. Für die richtige Antwort gibt es 1 Punkt.

Rechnung:

$$875 - 231 = 644$$

$$644 - 323 = 321$$

Antwort: Am Sonntag sind noch 321 Karten übrig.

Für das richtige Ergebnis gibt es 2 Punkte. Für die richtige Antwort gibt es 1 Punkt.

Rechnung:

$$875 - 431 = 444$$

Antwort: Es sind 444 Frauen im Konzert.

Üben ⑱ Schreibe die Zahlen stellengerecht untereinander und subtrahiere dann schriftlich.

669 – 575   156 – 87   392 – 237

504 – 378   451 – 169   884 – 677

920 – 462   711 – 384   915 – 179

613 – 224   576 – 97   335 – 185

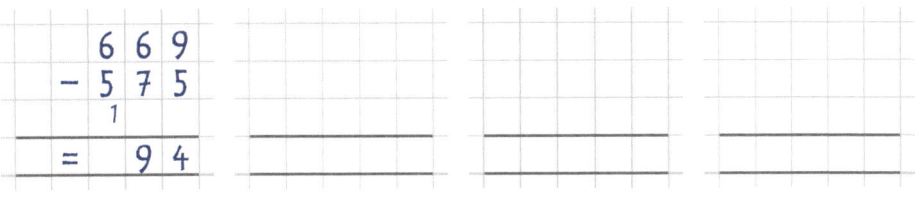

```
    6 6 9
 -  5 7 5
      1
 =    9 4
```

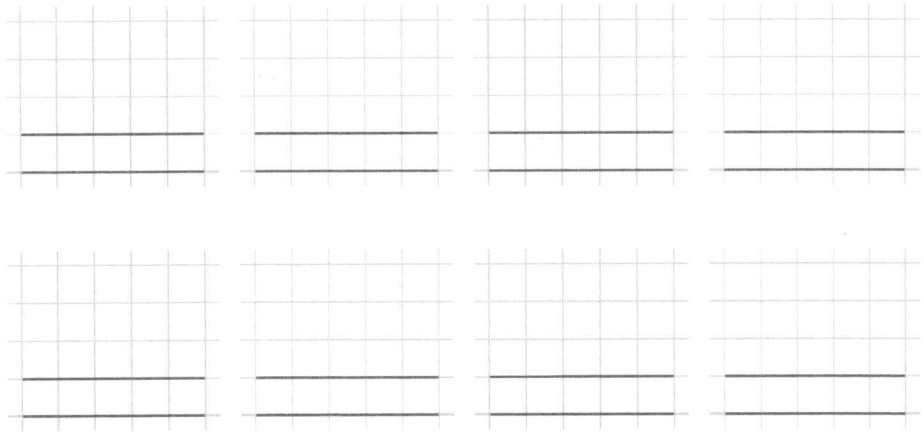

Subtrahieren mit Übertrag

Lösung 🔵 Für jedes richtige Ergebnis gibt es 1 Punkt.

	669		156		392		504
−	575	−	87	−	237	−	378
	1		1 1		1		1 1
	94		**69**		**155**		**126**

	451		884		920		711
−	169	−	677	−	462	−	384
	1 1		1		1 1		1 1
	282		**207**		**458**		**327**

	915		613		576		335
−	179	−	224	−	97	−	185
	1 1		1 1		1 1		1
	736		**389**		**479**		**150**

TIPP

Beim schriftlichen Subtrahieren entsteht immer dann ein Übertrag, wenn die Stellenwertzahl, die du subtrahierst, größer ist als die Stellenwertzahl, von der du subtrahierst. Schreibe auch den Übertrag stellengerecht auf.

Ergänze die leeren Felder in den Rechenmauern.

973

386

194

78

748

269

93

47

Lösung ⑲ Für jede richtige Zahl gibt es 1 Punkt.

```
            973
        587     386
     395     192     194
   281     114     78     116
```

```
              748
          269     479
       176     93     386
    129     47     46     340
```

TIPP

Zur Kontrolle kannst du die Umkehraufgabe rechnen.

973 − 386 = 587, da 587 + 386 = 973

Üben  Schreibe die Aufgaben untereinander und rechne.
Trage die Ergebnisse in das Kreuzzahlrätsel ein.

Waagerecht →

A 1 000 – 334
D 557 – 85
F 983 – 147
H 910 – 672
J 808 – 794

Senkrecht ↓

B 817 – 649
C 761 – 157
E 936 – 254
G 434 – 97
I 529 – 478

Lösung ⑳ Für jede richtige Zahl gibt es 1 Punkt.

Waagerecht →

A 1 000 – 334 = 666
D 557 – 85 = 472
F 983 – 147 = 836
H 910 – 672 = 238
J 808 – 794 = 14

Senkrecht ↓

B 817 – 649 = 168
C 761 – 157 = 604
E 936 – 254 = 682
G 434 – 97 = 337
I 529 – 478 = 51

	C ↓		**E** ↓		**B** ↓
A →	6	6	6		1
	0	**F** → 8	3		6
D →	4	7	2	**G** ↓ 8	
I ↓	5			3	
	5	**H** → 2	3		8
J →	1	4		7	

Üben ㉑

Bilde aus den Ziffern  1, 2, 3, 4, 5, 6
zwei dreistellige Zahlen und subtrahiere sie.
Jede Ziffer soll in jeder Rechnung genau einmal vorkommen.
Finde jeweils eine Aufgabe mit dem Ergebnis < 300, > 400
und = 333 und trage sie unter dem passenden Schild ein.

Mein Ergebnis ist
kleiner als 300:

Mein Ergebnis
ist größer
als 400:

Mein Ergebnis ist
genau 333:

Schriftlich subtrahieren
Zahlen bilden

Lösung 21 Für jede richtig gebildete Aufgabe gibt es 2 Punkte.
Es sind mehrere Aufgaben möglich. Die genannten Zahlen sind
Beispiellösungen.

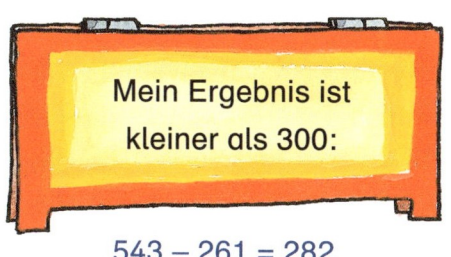

Mein Ergebnis ist
kleiner als 300:

$$543 - 261 \atop \underline{1} \atop 282$$

543 – 261 = 282

$$623 - 145 \atop \underline{11} \atop 478$$

Mein Ergebnis
ist größer
als 400:

623 – 145 = 478

Mein Ergebnis ist
genau 333:

$$645 - 312 \atop \underline{} \atop 333$$

645 – 312 = 333

Üben 22

Nach dem Gewinn des Pokalendspiels verschenkt der FC Kicker 1000 T-Shirts in den Vereinsfarben Rot und Weiß. 683 T-Shirts sind rot-weiß gestreift, 164 T-Shirts sind nur rot, die übrigen nur weiß. Wie viele sind das?

Rechnung:

Antwort: ....

Von den rot-weiß gestreiften T-Shirts werden 428 an Jugendliche verschenkt, von den roten und weißen sind es zusammen 195. Wie viele T-Shirts bekommen Erwachsene geschenkt?

Rechnung:

Antwort: ....

Schriftlich subtrahieren

Textaufgabe

Lösung ㉒ Für das richtige Ergebnis gibt es 4 Punkte. Für die
richtige Antwort gibt es 1 Punkt.

Rechnung:	1 000	317	Antwort:
	− 683	− 164	Es gibt 153 weiße T-Shirts.
	1 1 1	1	
	317	153	

Für das richtige Ergebnis gibt es 4 Punkte. Für die richtige Antwort
gibt es 1 Punkt.

Rechnung:	1 000	572	Antwort:
	− 428	− 195	377 T-Shirts werden an
	1 1 1	1 1	Erwachsene verschenkt.
	572	377	

TIPP

Denke bei Textaufgaben daran, genau zu lesen und wichtige
Angaben zu unterstreichen. Eine Überschlagsrechnung hilft
dir beim Rechnen. Kontrolliere am Schluss mit der Probe.

Üben ㉒   Punkte

Üben 23

Immer drei Kugelzahlen ergeben eine dreistellige Rechenzahl. Pro Rechenzahl darf eine Kugelzahl nur einmal verwendet werden. Subtrahiere nach Vorgabe.

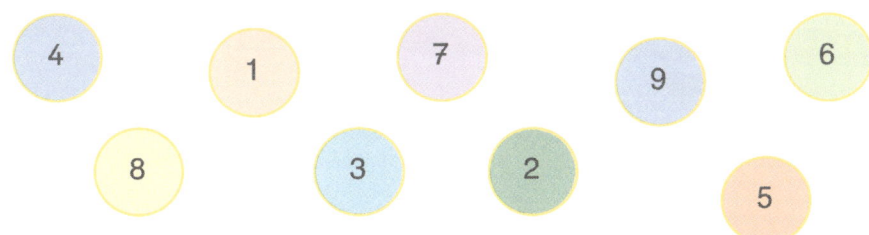

Subtrahiere die kleinstmögliche Zahl von der größtmöglichen Zahl.

987 – .... = ...

Subtrahiere die zweitkleinste mögliche Zahl von der zweitgrößten möglichen Zahl.

.... – .... = ...

Subtrahiere die drittkleinste mögliche Zahl von der drittgrößten möglichen Zahl.

.... – .... = ...

Subtrahiere die viertkleinste mögliche Zahl von der viertgrößten möglichen Zahl.

.... – .... = ...

Lösung ㉓ Für jede richtige Aufgabe gibt es 1 Punkt.

Subtrahiere die kleinstmögliche Zahl von der größtmöglichen Zahl.

987 – 123 = 864

Subtrahiere die zweitkleinste mögliche Zahl von der zweitgrößten möglichen Zahl.

986 – 124 = 862

Subtrahiere die drittkleinste mögliche Zahl von der drittgrößten möglichen Zahl.

985 – 125 = 860

Subtrahiere die viertkleinste mögliche Zahl von der viertgrößten möglichen Zahl.

984 – 126 = 858

Üben ㉓   Punkte

Üben 24

Fülle die Lücken. Berechne für jedes Rechenquadrat die Innensumme (gelbe Felder) und die Außensumme (grüne Felder).

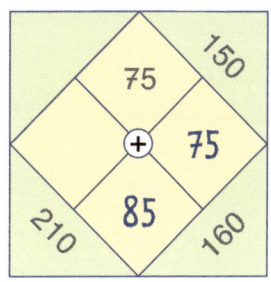

Innensumme:

$75 + 75 + 85 +$ .... $=$ ....

Außensumme:

$150 + 160 +$ .... $+$ .... $=$ ....

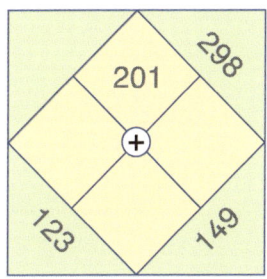

Innensumme:

.... $+$ .... $+$ .... $+$ .... $=$ ....

Außensumme:

.... $+$ .... $+$ .... $+$ .... $=$ ....

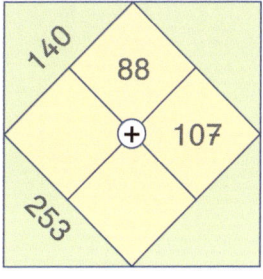

Innensumme:

.... $+$ .... $+$ .... $+$ .... $=$ ....

Außensumme:

.... $+$ .... $+$ .... $+$ .... $=$ ....

Lösung 24 Für jedes richtige Rechenquadrat und für jede richtige
Innen- und jede richtige Außensumme gibt es 1 Punkt.

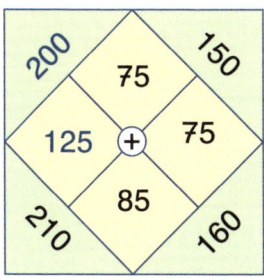

Innensumme:

75+ 75 + 85 + 125 = 360

Außensumme:

150 + 160 + 210 + 200 = 720

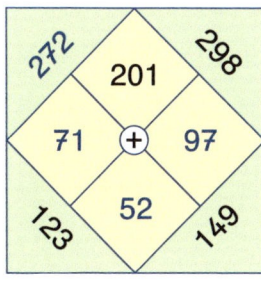

Innensumme:

201 + 97 + 52 + 71 = 421

Außensumme:

298 + 149 + 123 + 272 = 842

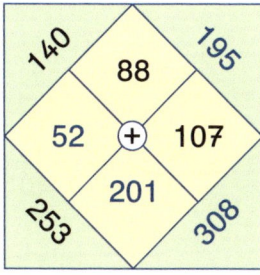

Innensumme:

88 + 107 + 201 + 52 = 448

Außensumme:

195 + 308 + 253 + 140 = 896

Üben 24   **Punkte**

Üben ㉕ Rechne schnell. Wie viele Aufgaben schaffst du in 8 Minuten?

6 · 9 = ...

3 · 8 = ...

5 · 4 = ...

7 · 7 = ...

6 · 3 = ...

9 · 2 = ...

8 · 5 = ...

2 · 3 = ...

6 · 5 = ...

8 · 9 = ...

10 · 1 = ...

7 · 3 = ...

6 · 7 = ...

3 · 3 = ...

6 · 4 = ...

6 · 6 = ...

3 · 4 = ...

4 · 4 = ...

9 · 7 = ...

10 · 4 = ...

8 · 7 = ...

5 · 9 = ...

2 · 5 = ...

9 · 3 = ...

8 · 8 = ...

3 · 1 = ...

3 · 4 · 2 = ...

2 · 3 · 7 = ...

3 · 3 · 5 = ...

6 · 1 · 6 = ...

10 · 2 · 7 = ...

5 · 2 · 2 = ...

2 · 5 · 7 = ...

9 · 4 · 5 = ...

Lösung⓪ Für jedes richtige Ergebnis gibt es 1 Punkt.

$6 \cdot 9 = 54$	$3 \cdot 3 = 9$	$3 \cdot 4 \cdot 2 = 24$
$3 \cdot 8 = 24$	$6 \cdot 4 = 24$	$2 \cdot 3 \cdot 7 = 42$
$5 \cdot 4 = 20$	$6 \cdot 6 = 36$	$3 \cdot 3 \cdot 5 = 45$
$7 \cdot 7 = 49$	$3 \cdot 4 = 12$	$6 \cdot 1 \cdot 6 = 36$
$6 \cdot 3 = 18$	$4 \cdot 4 = 16$	$10 \cdot 2 \cdot 7 = 140$
$9 \cdot 2 = 18$	$9 \cdot 7 = 63$	$5 \cdot 2 \cdot 2 = 20$
$8 \cdot 5 = 40$	$10 \cdot 4 = 40$	$2 \cdot 5 \cdot 7 = 70$
$2 \cdot 3 = 6$	$8 \cdot 7 = 56$	$9 \cdot 4 \cdot 5 = 180$
$6 \cdot 5 = 30$	$5 \cdot 9 = 45$	
$8 \cdot 9 = 72$	$2 \cdot 5 = 10$	
$10 \cdot 1 = 10$	$9 \cdot 3 = 27$	
$7 \cdot 3 = 21$	$8 \cdot 8 = 64$	
$6 \cdot 7 = 42$	$3 \cdot 1 = 3$	

Üben⓪　　Punkte

Üben 26 Multipliziere zuerst mit der Einerzahl und dann mit der Zehnerzahl.

4 · 8 =
4 · 8 0 =

6 · 5 =
6 · 5 0 =

7 · 3 =
7 · 3 0 =

9 · 4 =
9 · 4 0 =

6 · 9 =
6 · 9 0 =

8 · 7 =
  =

5 · 4 =
  =

7 · 7 =
  =

3 · 4 =
  =

Üben 27 Ergänze die Rechenräder. Multipliziere.

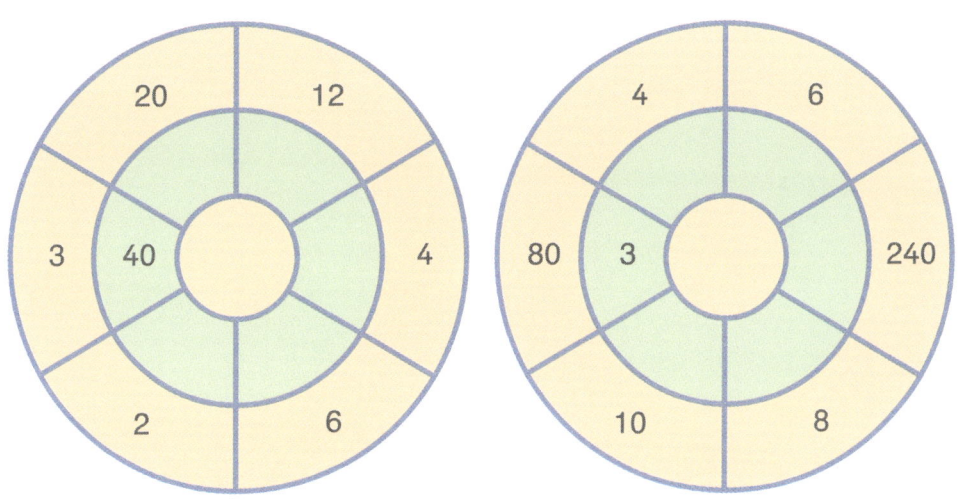

Rechnen mit Zehner- und Hunderterzahlen

Multiplizieren mit Zehnerzahlen

Lösung 26 Für jede richtige Aufgabe gibt es 0,5 Punkte.

$4 \cdot 8 = 32$ $6 \cdot 5 = 30$ $7 \cdot 3 = 21$
$4 \cdot 80 = 320$ $6 \cdot 50 = 300$ $7 \cdot 30 = 210$

$9 \cdot 4 = 36$ $6 \cdot 9 = 54$ $8 \cdot 7 = 56$
$9 \cdot 40 = 360$ $6 \cdot 90 = 540$ $8 \cdot 70 = 560$

$5 \cdot 4 = 20$ $7 \cdot 7 = 49$ $3 \cdot 4 = 12$
$5 \cdot 40 = 200$ $7 \cdot 70 = 490$ $3 \cdot 40 = 120$

Lösung 27 Für jede richtige Zahl gibt es 0,5 Punkte.

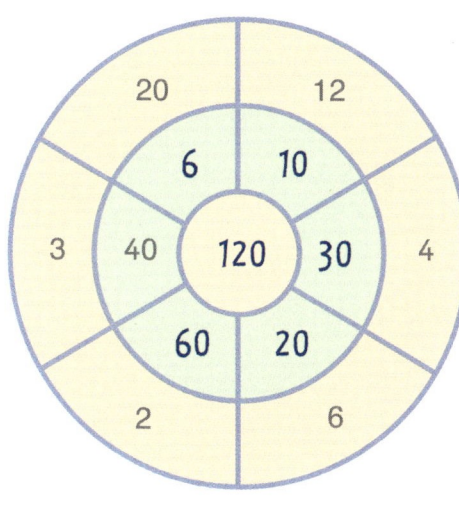 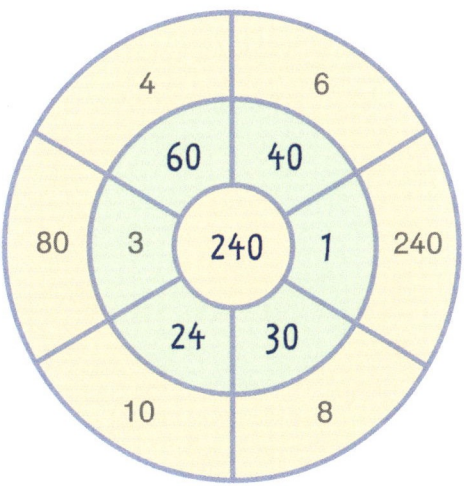

Üben 28 Trage in die Stellenwerttafel ein und rechne.

57 · 10 = ...

H	Z	E
	5	7

$\Big\} \cdot 10$

89 · 10 = ...

H	Z	E

$\Big\} \cdot 10$

92 · 10 = ...

H	Z	E

$\Big\} \cdot 10$

21 · 10 = ...

H	Z	E

$\Big\} \cdot 10$

Üben 29 Rechne und ergänze.

·	5	50
4		200
7		

·	8	80
3		
2		

·	3	30
5		
9		

·	7	70
6		
8		

Rechnen mit Zehner- und Hunderterzahlen
Vielfache von 10 multiplizieren

Lösung 28 Für jede richtige Stellenwerttafel und für jede richtige
Aufgabe gibt es 1 Punkt.

57 · 10 = ...

H	Z	E
	5	7
5	7	0

) · 10

89 · 10 = ...

H	Z	E
	8	9
8	9	0

) · 10

92 · 10 = ...

H	Z	E
	9	2
9	2	0

) · 10

21 · 10 = ...

H	Z	E
	2	1
2	1	0

) · 10

Lösung 29 Für jede richtige Zahl gibt es 1 Punkt.

·	5	50
4	20	200
7	35	350

·	8	80
3	24	240
2	16	160

·	3	30
5	15	150
9	27	270

·	7	70
6	42	420
8	56	560

Üben 30

Finde den Weg durch den Zahlen-irrgarten. Berechne die Aufgaben und verbinde die Lösungszahlen im Irrgarten der Reihe nach.

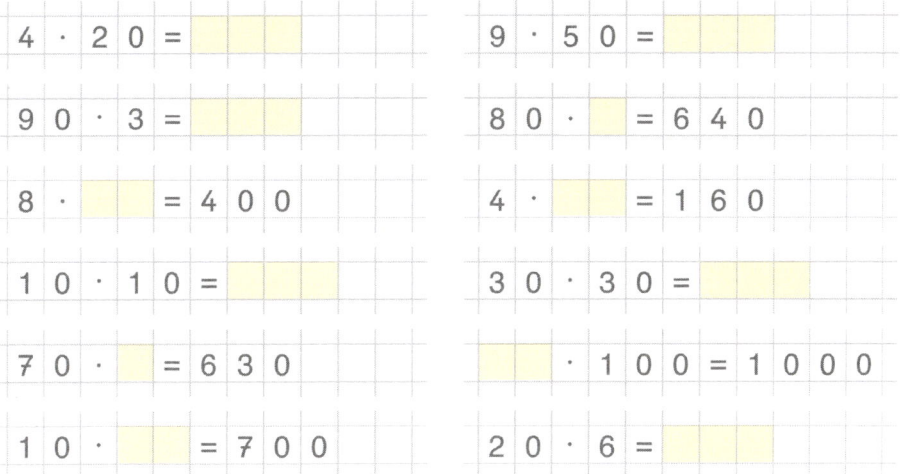

4 · 2 0 = ☐   9 · 5 0 = ☐

9 0 · 3 = ☐   8 0 · ☐ = 6 4 0

8 · ☐ = 4 0 0   4 · ☐ = 1 6 0

1 0 · 1 0 = ☐   3 0 · 3 0 = ☐

7 0 · ☐ = 6 3 0   ☐ · 1 0 0 = 1 0 0 0

1 0 · ☐ = 7 0 0   2 0 · 6 = ☐

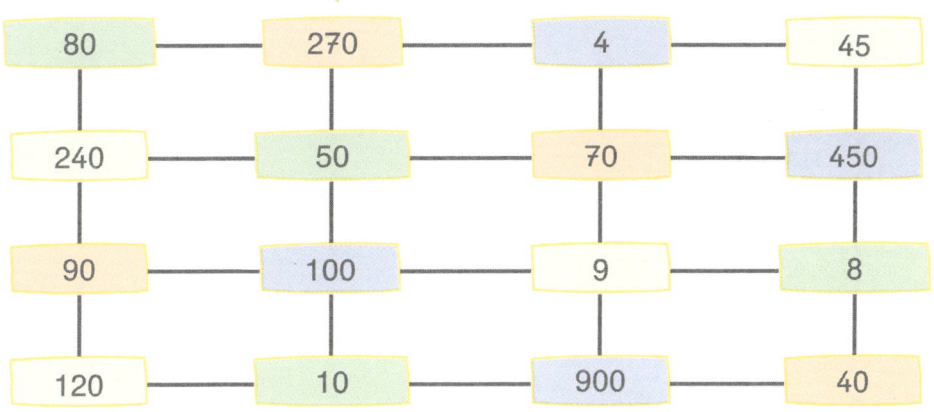

80	270	4	45
240	50	70	450
90	100	9	8
120	10	900	40

Lösung ③ Für jede richtige Zahl gibt es 1 Punkt.

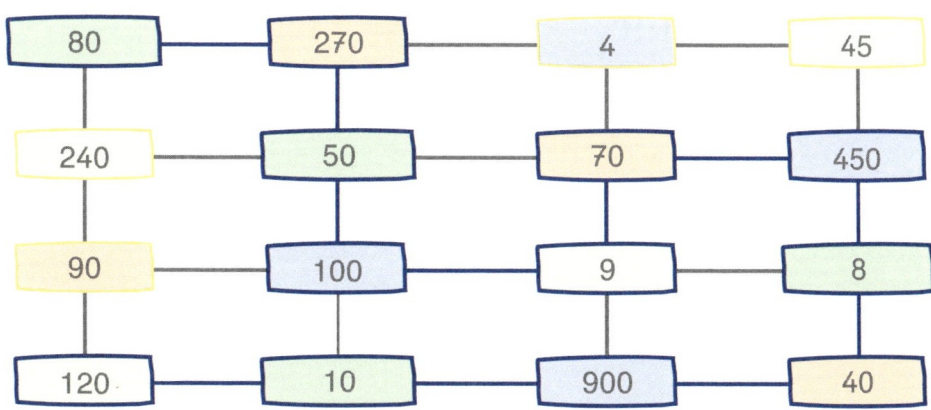

80	270	4	45
240	50	70	450
90	100	9	8
120	10	900	40

TIPP

Beim Multiplizieren mit Zehnerzahlen helfen dir die Aufgaben des kleinen Einmaleins.

$3 \cdot 50 = ?$ $3 \cdot 5 = 15$, also ist $3 \cdot 50 = 150$

Üben ③   **Punkte**

Üben ③1 Rechne geschickt durch Tauschen der Faktoren.

$5 \cdot 7 \cdot 4 =$ $5 \cdot 4 \cdot 7 = 20 \cdot 7 = 140$ ....

$5 \cdot 9 \cdot 6 =$ ....

$5 \cdot 9 \cdot 20 =$ ....

$3 \cdot 4 \cdot 10 =$ ....

Üben ③2 Rechne geschickt.

$3 \cdot 89 =$ _____

$3 \cdot 90 =$ 270

$3 \cdot 1 =$ 3

$270 - 3 =$ ....

$8 \cdot 12 =$ _____

$8 \cdot$ ..... $=$ ....

$8 \cdot$ ..... $=$ ....

..... $+$ ..... $=$ ....

$9 \cdot 41 =$ _____

$9 \cdot 40 =$ ....

$9 \cdot 1 =$ ....

..... $+$ ..... $=$ ....

$5 \cdot 97 =$ _____

..... $\cdot$ ..... $=$ ....

..... $\cdot$ ..... $=$ ....

..... $-$ ..... $=$ ....

Lösung 31 Für jedes richtige Ergebnis gibt es 1 Punkt.

$5 \cdot 7 \cdot 4 = 5 \cdot 4 \cdot 7 = 20 \cdot 7 = 140$

$5 \cdot 9 \cdot 6 = 5 \cdot 6 \cdot 9 = 30 \cdot 9 = 270$

$5 \cdot 9 \cdot 20 = 5 \cdot 20 \cdot 9 = 100 \cdot 9 = 900$

$3 \cdot 4 \cdot 10 = 3 \cdot 10 \cdot 4 = 30 \cdot 4 = 120$

Lösung 32 Für jedes richtige Endergebnis gibt es 1 Punkt.

$3 \cdot 89 = 267$

$3 \cdot 90 = 270$

$3 \cdot 1 = 3$

$270 - 3 = 267$

$9 \cdot 41 = 369$

$9 \cdot 40 = 360$

$9 \cdot 1 = 9$

$360 + 9 = 369$

$8 \cdot 12 = 96$

$8 \cdot 10 = 80$

$8 \cdot 2 = 16$

$80 + 16 = 96$

$5 \cdot 97 = 485$

$5 \cdot 100 = 500$

$5 \cdot 3 = 15$

$500 - 15 = 485$

TIPP

Manchmal ist es geschickt, die Zahlen zu tauschen.

$8 \cdot 2 \cdot 5 = 2 \cdot 5 \cdot 8 = 10 \cdot 8 = 80$

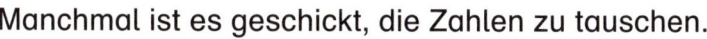

Üben 31 ___ **Punkte** Üben 32 ___ **Punkte**

Üben 33   Wie viele Aufgaben schaffst du in 9 Minuten?

20 : 4 = ...   32 : 8 = ...   15 : 5 = ...

18 : 9 = ...   18 : 3 = ...   9 : 3 = ...

12 : 6 = ...   27 : 3 = ...   12 : 2 = ...

24 : 6 = ...   56 : 7 = ...   32 : 4 = ...

30 : 5 = ...   16 : 4 = ...   36 : 6 = ...

64 : 8 = ...   20 : 2 = ...   54 : 6 = ...

72 : 9 = ...   8 : 2 = ...   56 : 8 = ...

25 : 5 = ...   49 : 7 = ...   100 : 10 = ...

81 : 9 = ...   60 : 6 = ...   80 : 80 = ...

10 : 10 = ...   35 : 5 = ...   14 : 7 = ...

Rechnen mit Zehner- und Hunderterzahlen
Dividieren im Einmaleins

Lösung 33   Für jedes richtige Ergebnis gibt es 1 Punkt.

20 : 4 = 5	32 : 8 = 4	15 : 5 = 3
18 : 9 = 2	18 : 3 = 6	9 : 3 = 3
12 : 6 = 2	27 : 3 = 9	12 : 2 = 6
24 : 6 = 4	56 : 7 = 8	32 : 4 = 8
30 : 5 = 6	16 : 4 = 4	36 : 6 = 6
64 : 8 = 8	20 : 2 = 10	54 : 6 = 9
72 : 9 = 8	8 : 2 = 4	56 : 8 = 7
25 : 5 = 5	49 : 7 = 7	100 : 10 = 10
81 : 9 = 9	60 : 6 = 10	80 : 80 = 1
10 : 10 = 1	35 : 5 = 7	14 : 7 = 2

Üben 33   **Punkte**

Üben 34 Ergänze die Tabellen.

:	4	20	80	8
160				
240				
560				
480				
800				
400				
80				

:	3	60	20	6
60				
180				
300				
480				
600				
420				
540				

Rechnen mit Zehner- und Hunderterzahlen

Dividieren durch Zehnerzahlen

Lösung 34 Für jede richtig ausgefüllte Spalte,
zum Beispiel die Spalte „: 4", gibt es 1 Punkt.

:	4	20	80	8
160	40	8	2	20
240	60	12	3	30
560	140	28	7	70
480	120	24	6	60
800	200	40	10	100
400	100	20	5	50
80	20	4	1	10

:	3	60	20	6
60	20	1	3	10
180	60	3	9	30
300	100	5	15	50
480	160	8	24	80
600	200	10	30	100
420	140	7	21	70
540	180	9	27	90

Üben 34   Punkte

Ergänze die leeren Felder der Rechenschlange.

| 300 | : 5 | | | 600 | | 30 |

| : 50 | 150 | | | : 60 | 900 | |

| | | 120 | : 20 | | | 540 |

| | | · 70 | 3 | | | : 60 |

| 420 | | 7 | · 80 | | | 56 |

| 4 | | | · 50 | | | : 7 |

Rechnen mit Zehner- und Hunderterzahlen

Rechenschlange

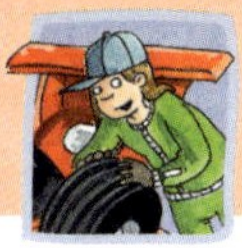

Rechenschlange

Lösung 35 Für jede richtige Zahl gibt es 0,5 Punkte.

300	: 5	60	· 10	600	: 20	30
: 50	150	· 10	15	: 60	900	· 30
3	· 40	120	: 20	6	· 90	540
· 2	210	· 70	3	: 3	9	: 60
420	: 60	7	· 80	560	: 10	56
4	: 100	400	· 50	8	: 7	

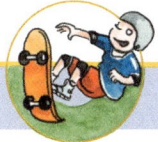

TIPP

Beim Dividieren durch Zehnerzahlen kannst du die Aufgaben auf leichtere Aufgaben zurückführen.

350 : 50 = ?   35 : 5 = 7, also ist 350 : 50 = 7

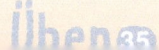

360
40
9

980
98
10

9 · ...... = 360
...... · ...... = ...
...... : ...... = ...
...... : ...... = ...

...... · 98 = ...
...... · ...... = ...
...... : ...... = ...
...... : ...... = ...

490
70
7

...... · ...... = ...
...... · ...... = ...
...... : ...... = ...
...... : ...... = ...

Lösung 36 Für jede richtige Rechnung gibt es 1 Punkt.

$$9 \cdot 40 = 360 \qquad 10 \cdot 98 = 980$$
$$40 \cdot \ 9 = 360 \qquad 98 \cdot 10 = 980$$
$$360 : \ 9 = \ 40 \qquad 980 : 10 = \ 98$$
$$360 : 40 = \ \ 9 \qquad 980 : 98 = \ 10$$

$$70 \cdot \ 7 = 490$$
$$7 \cdot 70 = 490$$
$$490 : 70 = \ \ 7$$
$$490 : \ 7 = \ 70$$

Üben ③⑦ Multipliziere von unten nach oben und fülle die leeren Felder in den Rechenpyramiden aus.

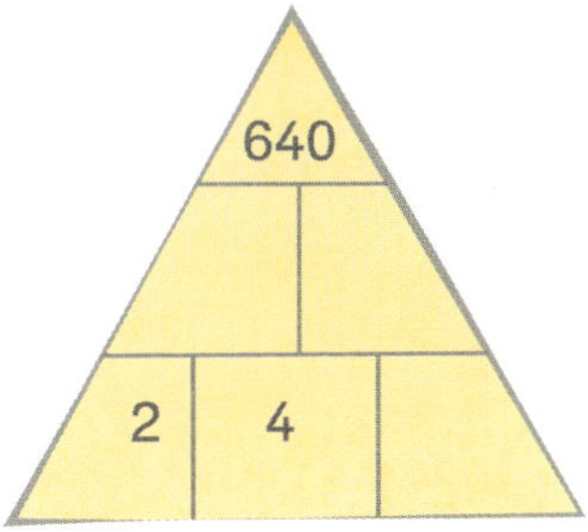

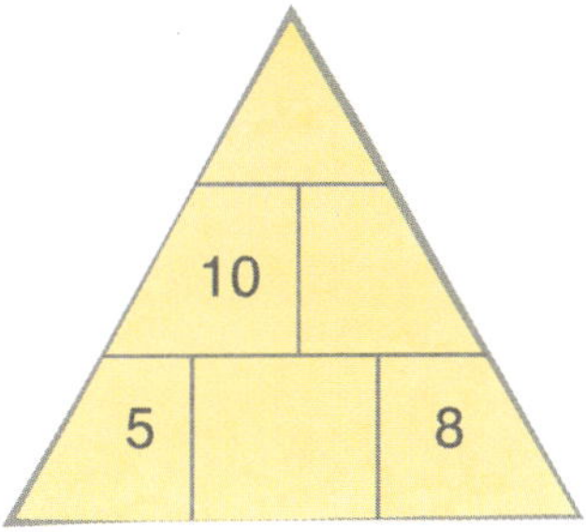

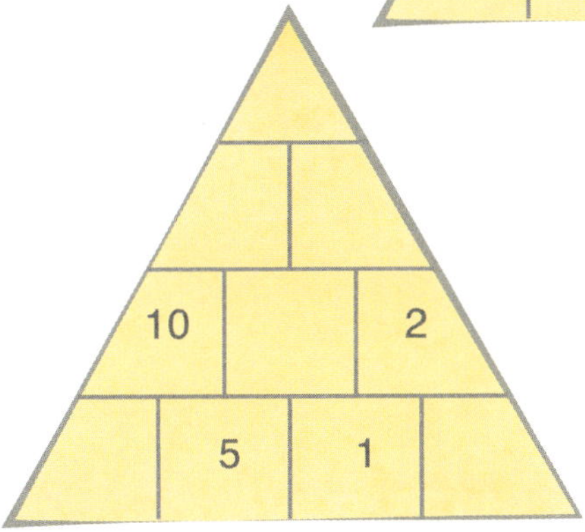

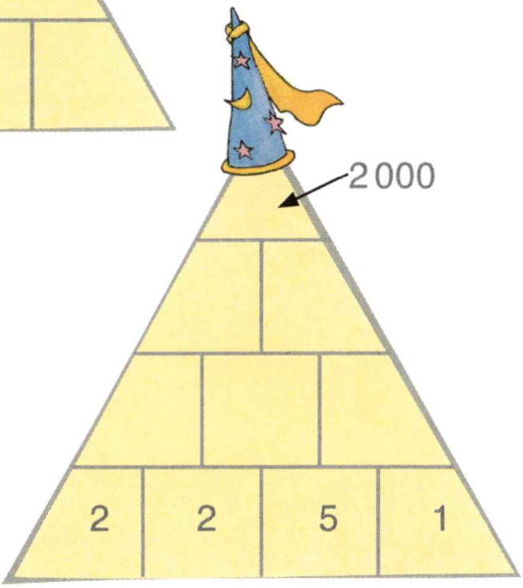

Pyramide 1:
- 640
- 2 | 4

Pyramide 2:
- 10
- 5 | | 8

Pyramide 3:
- 3
- 5 | 2 | 1

Pyramide 4:
- 10 | | 2
- 5 | 1

Pyramide 5:
- 2 000
- 2 | 2 | 5 | 1

Rechnen mit Zehner- und Hunderterzahlen

Rechenpyramiden

Rechenpyramiden

Lösung Für jede richtig ausgefüllte Pyramide gibt es 2 Punkte.

Pyramide 1:
- 640
- 8 | 80
- 2 | 4 | 20

Pyramide 2:
- 160
- 10 | 16
- 5 | 2 | 8

Pyramide 3:
- 120
- 20 | 6
- 10 | 2 | 3
- 5 | 2 | 1 | 3

Pyramide 4:
- 500
- 50 | 10
- 10 | 5 | 2
- 2 | 5 | 1 | 2

Pyramide 5:
- 2 000
- 40 | 50
- 4 | 10 | 5
- 2 | 2 | 5 | 1

Üben   Punkte

Üben ③⑧ Überschlage zuerst und rechne dann in mehreren Schritten.

Ü: $6 \cdot 30 = 180$ ....

6	·	3	2	=
6	·	3	0	=
6	·		2	=

Ü: ....

9	·	7	7	=

Ü: ....

5	·	6	4	=

Ü: ....

3	·	9	6	=

Ü: ....

7	·	8	5	=

Ü: ....

8	·	5	3	=

Ü: ....

4	·	2	1	4	=

Ü: ....

5	·	1	8	6	=

Halbschriftlich multiplizieren
Multiplizieren in mehreren Schritten

Multiplizieren in mehreren Schritten

Lösung⬤ Für jedes richtige Ergebnis gibt es 1 Punkt.

Ü: 6 · 30 = 180

6 · 32 = 192
_____
6 · 30 = 180

6 · 2 = 12

Ü: 9 · 80 = 720

9 · 77 = 693
_____
9 · 70 = 630

9 · 7 = 63

Ü: 5 · 60 = 300

5 · 64 = 320
_____
5 · 60 = 300

5 · 4 = 20

Ü: 3 · 100 = 300

3 · 96 = 288
_____
3 · 90 = 270

3 · 6 = 18

Ü: 7 · 90 = 630

7 · 85 = 595
_____
7 · 80 = 560

7 · 5 = 35

Ü: 8 · 50 = 400

8 · 53 = 424
_____
8 · 50 = 400

8 · 3 = 24

Ü: 4 · 200 = 800

4 · 214 = 856
_____
4 · 200 = 800

4 · 10 = 40

4 · 4 = 16

Ü: 5 · 200 = 1000

5 · 186 = 930
_____
5 · 100 = 500

5 · 80 = 400

5 · 6 = 30

TIPP

Es gibt verschiedene Lösungswege. Du kannst zuerst die Zehner und dann die Einer multiplizieren oder umgekehrt.

Üben⬤ Punkte

Üben  Löse die Aufgaben mit dem Malkreuz.

4 · 94 = ...

·	90	4
4	360	16
		376

8 · 79 = ...

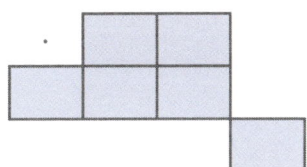

5 · 48 = ...

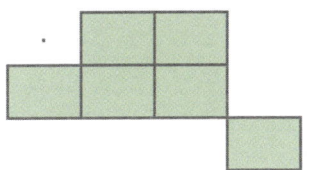

....

·	80	6
		54

3 · 332 = ...

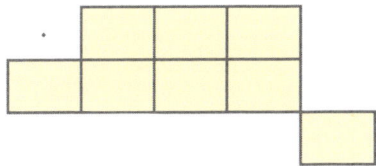

6 · 128 = ...

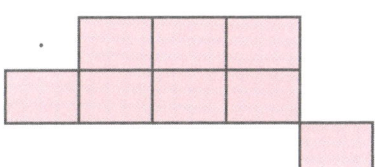

....

·	200	0	8
	800		

....

·	100	40	
5			35

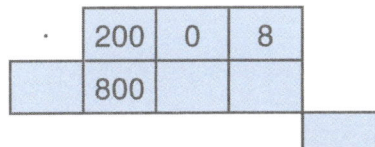

Halbschriftlich multiplizieren

Rechnen mit dem Malkreuz

Lösung 39 Für jedes richtige Ergebnis gibt es 1 Punkt.

$4 \cdot 94 = 376$

·	90	4
4	360	16
		376

$8 \cdot 79 = 632$

·	70	9
8	560	72
		632

$5 \cdot 48 = 240$

·	40	8
5	200	40
		240

$9 \cdot 86 = 774$

·	80	6
9	720	54
		774

$3 \cdot 332 = 996$

·	300	30	2
3	900	90	6
			996

$6 \cdot 128 = 768$

·	100	20	8
6	600	120	48
			768

$4 \cdot 208 = 832$

·	200	0	8
4	800	0	32
			832

$5 \cdot 147 = 735$

·	100	40	7
5	500	200	35
			735

Üben ⓵ Ergänze die Rechenhäuser.

· 7

42	
121	
86	
142	
95	
53	

· 68

4	
7	
9	
8	
6	
5	

Lösung ⓯ Für jedes richtige Ergebnis gibt es 1 Punkt.

·7

42	294
121	847
86	602
142	994
95	665
53	371

·68

4	272
7	476
9	612
8	544
6	408
5	340

TIPP

Bei Multiplikationsaufgaben kannst du die Zahlen (Faktoren)
vertauschen, ohne dass sich das Ergebnis ändert.
Probiere aus, was dir leichter fällt.

$42 \cdot 7 = 294$ oder $7 \cdot 42 = 294$

Üben ⓯   **Punkte**

Üben 41 Bilde die richtigen Aufgaben und rechne.

 = 1    = 2    = 3

⚽ = 4    = 5   👑 = 6

🔑 = 7   🏀 = 8   = 9

267 · .... = ...

.... · .... = ...

.... · .... = ...

.... · .... = ...

.... · .... = ...

.... · .... = ...

Halbschriftlich multiplizieren
Aufgaben bilden

Lösung 41 Für jede richtig gelöste Aufgabe gibt es 1 Punkt.

    ·

267 · 3 = 801

  ·

17 · 7 = 119

  ·

124 · 6 = 744

 ·

5 · 199 = 995

   ·

478 · 2 = 956

 ·

4 · 236 = 944

Üben 41   Punkte

Ergänze die fehlenden Zahlen in den Aufgaben.

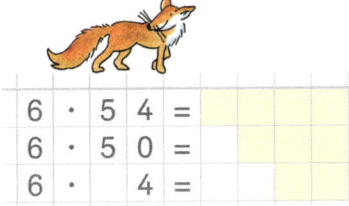

$$7 \cdot \underline{}1 = \underline{}$$
$$\underline{} \cdot \underline{} = 210$$
$$\underline{} \cdot \underline{} = \underline{}$$

$$5 \cdot \underline{}7 = \underline{}$$
$$\underline{} \cdot \underline{} = 50$$
$$\underline{} \cdot \underline{} = 35$$

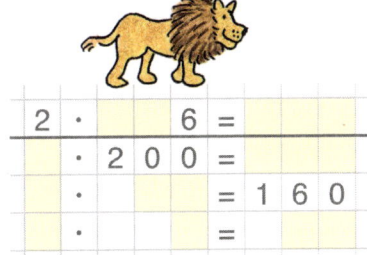

$$6 \cdot 54 = \underline{}$$
$$6 \cdot 50 = \underline{}$$
$$6 \cdot 4 = \underline{}$$

$$4 \cdot 28 = \underline{}$$
$$4 \cdot \underline{} = 800$$
$$4 \cdot \underline{} = 80$$
$$4 \cdot \underline{} = \underline{}$$

$$3 \cdot \underline{}1 = \underline{}$$
$$3 \cdot 100 = \underline{}$$
$$3 \cdot \underline{} = 30$$
$$\underline{} \cdot \underline{} = \underline{}$$

$$\underline{} \cdot 238 = \underline{}$$
$$\underline{} \cdot \underline{} = \underline{}$$
$$\underline{} \cdot \underline{} = 60$$
$$\underline{} \cdot 8 = 16$$

$$2 \cdot \underline{}6 = \underline{}$$
$$\underline{} \cdot 200 = \underline{}$$
$$\underline{} \cdot \underline{} = 160$$
$$\underline{} \cdot \underline{} = \underline{}$$

$$\underline{} \cdot 1\underline{} = 984$$
$$\underline{} \cdot \underline{} = 800$$
$$\underline{} \cdot \underline{} = 160$$
$$\underline{} \cdot \underline{} = \underline{}$$

Für Profis!

Halbschriftlich multiplizieren
Fehlende Zahlen ergänzen

Fehlende Zahlen ergänzen

Lösung ⚋ Für jede richtig ergänzte Aufgabe gibt es 2 Punkte.

$7 \cdot 31 = 217$

$7 \cdot 30 = 210$
$7 \cdot 1 = 7$

$6 \cdot 54 = 324$

$6 \cdot 50 = 300$
$6 \cdot 4 = 24$

$3 \cdot 111 = 333$

$3 \cdot 100 = 300$
$3 \cdot 10 = 30$
$3 \cdot 1 = 3$

$2 \cdot 286 = 572$

$2 \cdot 200 = 400$
$2 \cdot 80 = 160$
$2 \cdot 6 = 12$

$5 \cdot 17 = 85$

$5 \cdot 10 = 50$
$5 \cdot 7 = 35$

$4 \cdot 228 = 912$

$4 \cdot 200 = 800$
$4 \cdot 20 = 80$
$4 \cdot 8 = 32$

$2 \cdot 238 = 476$

$2 \cdot 200 = 400$
$2 \cdot 30 = 60$
$2 \cdot 8 = 16$

$8 \cdot 123 = 984$

$8 \cdot 100 = 800$
$8 \cdot 20 = 160$
$8 \cdot 3 = 24$

Üben ㊷ Punkte

Üben 43 Schreibe die Aufgaben richtig auf und rechne.

Es gilt: H = Hunderter, Z = Zehner, E = Einer

3H 7Z 5E · 2E

4E · 9Z 4E

5E · 1H 5Z 8E

4H 9E · 2E

Üben 44 Multipliziere den Nachfolger der ersten Zahl mit dem Vorgänger der zweiten Zahl. Schreibe das Ergebnis in Symbolschrift. Es gilt: ■ = Hunderter, O = Zehner, I = Einer

erste Zahl: ■ ■ ■ ■ O O O O O III
zweite Zahl: III

Zahlen erkennen und rechnen

Lösung 43 Für jede richtig gelöste Aufgabe gibt es 1 Punkt.

3H 7Z 5E · 2E

375 · 2 = 750

4E · 9Z 4E

4 · 94 = 376

5E · 1H 5Z 8E

5 · 158 = 790

4H 9E · 2E

409 · 2 = 818

Lösung 44 Für das richtige Rechenergebnis und für die richtige Symbolschrift für das Ergebnis gibt es je 1 Punkt.

(■■■■ ○○○○○ ||| + |) · (||| − |) = ■■■■■■■■■ |||||||||

Nachfolger erste Zahl: 453 + 1 = 454

Vorgänger zweite Zahl: 3 − 1 = 2

Rechnung: 454 · 2 = 908

Üben ㊺ Finde die Regel und setze die Reihen fort.

Achtung: Du musst nicht nur multiplizieren, sondern manchmal auch dividieren und subtrahieren.

| 4 | 12 | 36 | | | |

Regel: ....

| 4 | 8 | 16 | | | |

Regel: ....

| 100 | 50 | 200 | 100 | | | |

Regel: ....

| 37 | 12 | 60 | 35 | | | |

Regel: ....

| 43 | 129 | 112 | | | |

Regel: ....

Lösung 45 Für jede richtige Reihe mit dazugehöriger Regel
gibt es 2 Punkte.

| 4 | 12 | 36 | 108 | 324 | 972 |

Regel: · 3

| 4 | 8 | 16 | 32 | 64 | 128 |

Regel: · 2

| 100 | 50 | 200 | 100 | 400 | 200 | 800 |

Regel: : 2, · 4

| 37 | 12 | 60 | 35 | 175 | 150 | 750 |

Regel: − 25, · 5

| 43 | 129 | 112 | 336 | 319 | 957 |

Regel: · 3, − 17

Üben 46 Ergänze die Tabellen.

Anzahl Ketten	Anzahl Perlen
1	39
3	
6	
7	
9	

Anzahl Schachteln	Anzahl Perlen
2	236
4	
5	
8	
1	

Lösung 46 Für jedes richtige Ergebnis gibt es 1 Punkt.

Anzahl Ketten	Anzahl Perlen
1	39
3	117
6	234
7	273
9	351

Anzahl Schachteln	Anzahl Perlen
2	236
4	472
5	590
8	944
1	118

Üben 47 Löse die Rechenrätsel von Susi, Tanja und Leonie.

Ich denke mir eine Zahl, dividiere sie durch 4, addiere 54, dividiere durch 27 und erhalte 3. Wie heißt meine Zahl?

Ich multipliziere die kleinste Zahl aus den Ziffern 5, 6, 1 mit 6.

Ich addiere zum 3-Fachen von 243 das 5-Fache von 13.

Susi

Tanja

Leonie

Lösung 47 Für die gesuchte Zahl von Susi gibt es 4 Punkte.
Für das richtige Ergebnis von Tanja und Leonie gibt es
jeweils 2 Punkte.

Rätsel von Susi:

$$3 \cdot 27 = 81 \qquad 81 \qquad 27 \cdot 4 = 108$$
$$\overline{3 \cdot 20 = 60} \qquad -\ 54 \qquad \overline{20 \cdot 4 =\ 80}$$
$$3 \cdot\ 7 = 21 \qquad \underline{\quad 1\quad} \qquad 7 \cdot 4 =\ 28$$
$$\qquad\qquad\qquad 27$$

Rätsel von Tanja:

$$6 \cdot 156 = 936$$
$$\overline{6 \cdot 100 = 600}$$
$$6 \cdot\ 50 = 300$$
$$6 \cdot\ \ 6 =\ 36$$

Rätsel von Leonie:

$$3 \cdot 243 = 729 \qquad 5 \cdot 13 = 65 \qquad\quad 729$$
$$\overline{3 \cdot 200 = 600} \qquad \overline{5 \cdot 10 = 50} \qquad +\ \ 65$$
$$3 \cdot\ \ 40 = 120 \qquad 5 \cdot\ \ 3 = 15 \qquad \underline{\quad 1\quad}$$
$$3 \cdot\ \ \ 3 =\ \ 9 \qquad\qquad\qquad\qquad 794$$

Üben 48

Im Kino besteht eine Reihe aus 34 Sitzplätzen. Am Samstag waren 9 Reihen komplett und 7 Reihen zur Hälfte besetzt. 2 Reihen blieben ganz leer.

Wie viele Menschen waren am Samstag im Kino?

Wie viele Plätze blieben leer?

Wie viele Sitzplätze gibt es insgesamt?

Rechnung:

Antwort: ....

....

....

Lösung 48 Für jedes richtige Rechenergebnis zu einer Frage gibt es 2 Punkte. Für jede richtige Antwort gibt es 1 Punkt.

Rechnung:

$$9 \cdot 34 = 306$$
$$9 \cdot 30 = 270$$
$$9 \cdot 4 = 36$$

$$7 \cdot 17 = 119$$
$$7 \cdot 10 = 70$$
$$7 \cdot 7 = 49$$

$$\begin{array}{r} 306 \\ + \ 119 \\ 1 \\ \hline 425 \end{array}$$

$$2 \cdot 34 = 68$$
$$2 \cdot 30 = 60$$
$$2 \cdot 4 = 8$$

$$7 \cdot 17 = 119$$
$$7 \cdot 10 = 70$$
$$7 \cdot 7 = 49$$

$$\begin{array}{r} 68 \\ + \ 119 \\ 1 \\ \hline 187 \end{array}$$

$$\begin{array}{r} 425 \\ + \ 187 \\ 11 \\ \hline 612 \end{array}$$

Antwort: Im Kino waren am Samstag 425 Menschen.

187 Plätze blieben leer.

Insgesamt gibt es im Kino 612 Sitzplätze.

 **Üben 49** Kreise ein,

welche Zahlen durch 5 teilbar sind, und löse die Aufgabe.

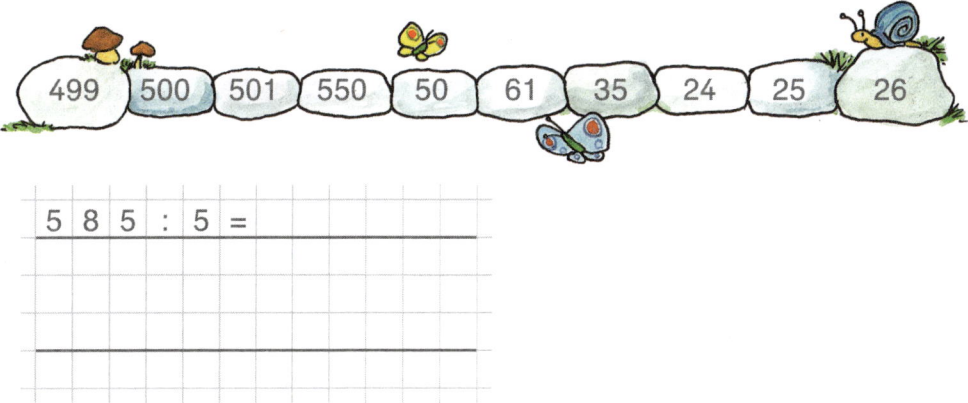

| 499 | 500 | 501 | 550 | 50 | 61 | 35 | 24 | 25 | 26 |

5 8 5 : 5 =

welche Zahlen durch 7 teilbar sind, und löse die Aufgabe.

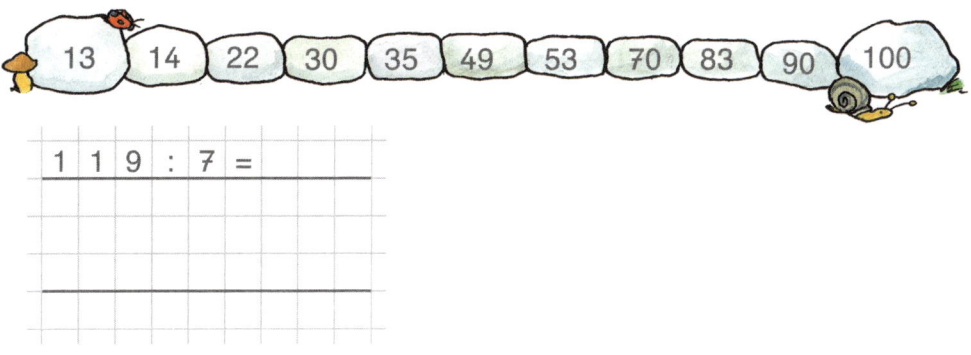

| 13 | 14 | 22 | 30 | 35 | 49 | 53 | 70 | 83 | 90 | 100 |

1 1 9 : 7 =

Halbschriftlich dividieren
Vielfache finden

Lösung ⑭ Für jede richtig eingekreiste Zahl und für jede richtige
Lösung gibt es 1 Punkt.

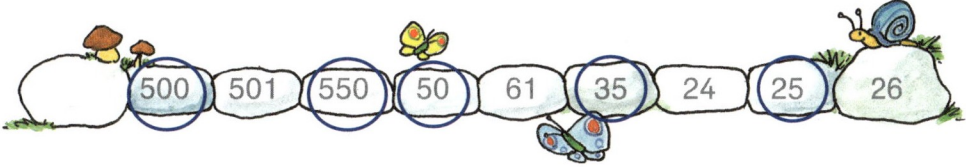

Möglichkeiten:

585 : 5 = 117	oder	585 : 5 = 117

585 : 5 = 117   585 : 5 = 117
500 : 5 = 100   550 : 5 = 110
50 : 5 = 10   35 : 5 =   7
35 : 5 =   7   110 + 7 = 117
100 + 10 + 7 = 117

Möglichkeiten:

119 : 7 = 17   oder   119 : 7 = 17
70 : 7 = 10   70 : 7 = 10
49 : 7 = 7   35 : 7 = 5
10 + 7 = 17   14 : 7 = 2
                                    10 + 5 + 2 = 17

Üben ⑤ Dividiere halbschriftlich und rechne die Probe mit der Malaufgabe im Malkreuz.

$84 : 6 =$
$60 : 6 =$
$24 : 6 =$

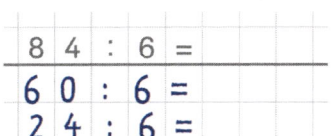

·		
6	60	24
		84

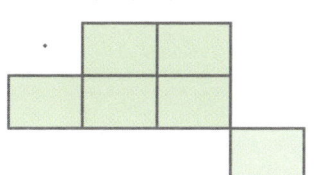

$144 : 8 =$

$147 : 7 =$

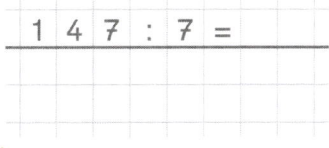

$410 : 5 =$

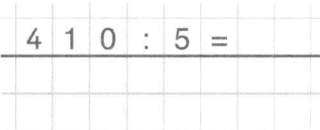

$585 : 9 =$

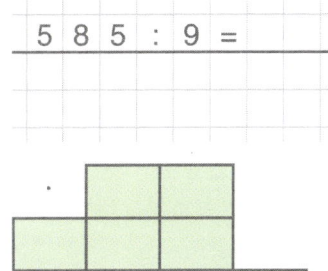

$388 : 4 =$

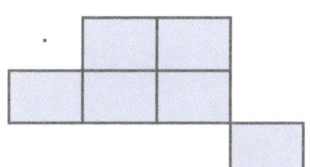

Lösung 50 Für jedes richtige Ergebnis gibt es 1 Punkt.

$84 : 6 = 14$
$60 : 6 = 10$
$24 : 6 = 4$

·	10	4
6	60	24

84

$144 : 8 = 18$
$80 : 8 = 10$
$64 : 8 = 8$

·	10	8
8	80	64

144

$147 : 7 = 21$
$140 : 7 = 20$
$7 : 7 = 1$

·	20	1
7	140	7

147

$410 : 5 = 82$
$400 : 5 = 80$
$10 : 5 = 2$

·	80	2
5	400	10

410

$585 : 9 = 65$
$540 : 9 = 60$
$45 : 9 = 5$

·	60	5
9	540	45

585

$388 : 4 = 97$
$360 : 4 = 90$
$28 : 4 = 7$

·	90	7
4	360	28

388

Üben 51

Schreibe die Aufgaben auf und rechne.

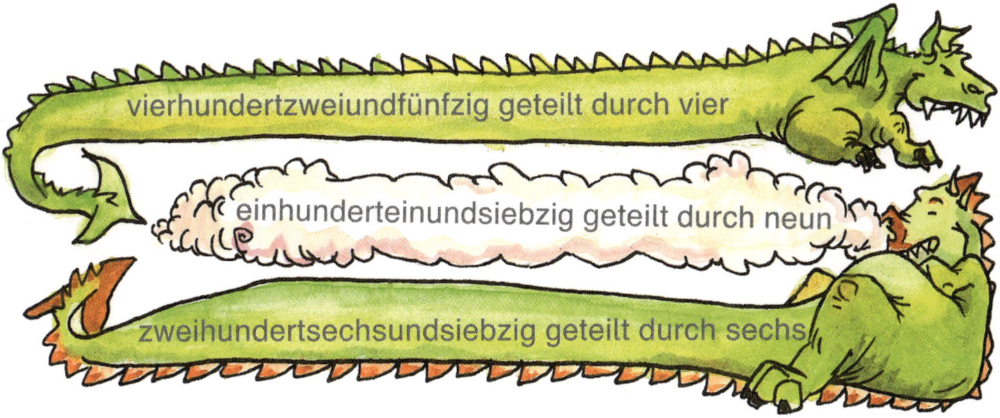

vierhundertzweiundfünfzig geteilt durch vier

einhunderteinundsiebzig geteilt durch neun

zweihundertsechsundsiebzig geteilt durch sechs

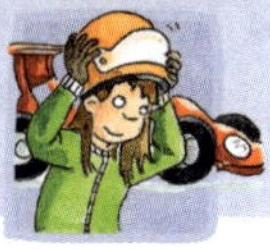

Aufgaben notieren und rechnen

Lösung 51 Für jede richtig gelöste Aufgabe gibt es 1 Punkt.

452 : 4 = 113

400 : 4 = 100
40 : 4 = 10
12 : 4 = 3

100 + 10 + 3 = 113

171 : 9 = 19

90 : 9 = 10
81 : 9 = 9

10 + 9 = 19

276 : 6 = 46

240 : 6 = 40
36 : 6 = 6

40 + 6 = 46

Üben 52

Immer zwei Kärtchen gehören zusammen. Male die passenden Aufgaben- und Ergebniskärtchen mit der gleichen Farbe an.

| 75 : 5 | 95 | 376 : 8 | 87 |

| 47 | 156 : 6 | 26 | 855 : 9 |

| 783 : 9 | 15 | 988 : 4 | 247 |

| 112 | 774 : 3 | 258 | 784 : 7 |

Lösung 52 Für jede richtige Zuordnung gibt es 1 Punkt.

75 : 5 = 15	156 : 6 = 26	376 : 8 = 47
50 : 5 = 10	120 : 6 = 20	320 : 8 = 40
25 : 5 = 5	36 : 6 = 6	56 : 8 = 7

855 : 9 = 95	784 : 7 = 112	988 : 4 = 247
810 : 9 = 90	700 : 7 = 100	800 : 4 = 200
45 : 9 = 5	70 : 7 = 10	160 : 4 = 40
	14 : 7 = 2	28 : 4 = 7

774 : 3 = 258	783 : 9 = 87
600 : 3 = 200	720 : 9 = 80
150 : 3 = 50	63 : 9 = 7
24 : 3 = 8	

TIPP

Beim Überprüfen deiner Ergebnisse hilft dir die Probe mit der Malaufgabe.

75 : 5 = 15, da 15 · 5 = 75

Üben 53 Ergänze das Rechenrad.

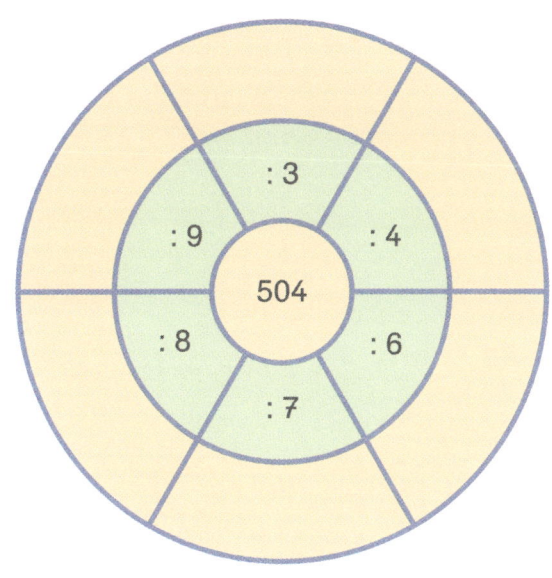

5 0 4 : 3 =

Lösung 53 Für jede richtige Zahl gibt es 1 Punkt.

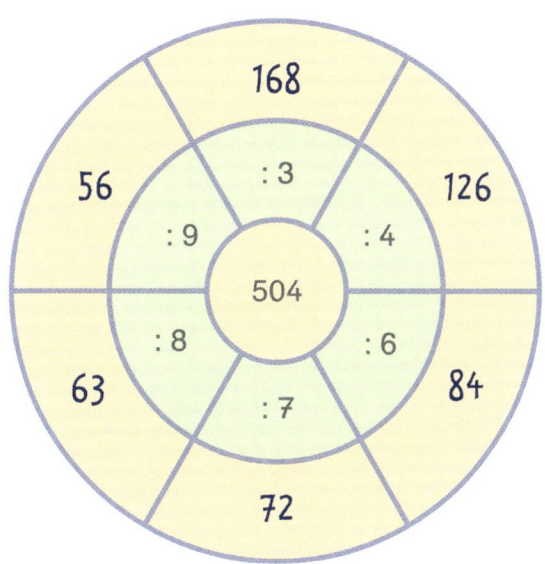

504 : 3 = 168
300 : 3 = 100
180 : 3 = 60
 24 : 3 =   8

504 : 4 = 126
400 : 4 = 100
 80 : 4 = 20
 24 : 4 =   6

504 : 6 = 84
480 : 6 = 80
 24 : 6 = 4

504 : 7 = 72
490 : 7 = 70
 14 : 7 = 2

504 : 8 = 63
480 : 8 = 60
 24 : 8 = 3

504 : 9 = 56
450 : 9 = 50
 54 : 9 = 6

Üben 54

Überprüfe die Rechnungen und korrigiere falsche Ergebnisse.

670 : 5 = 134

844 : 4 = 221

994 : 7 = 143

585 : 9 = 65

750 : 2 = 378

704 : 8 = 88

Rechnungen überprüfen

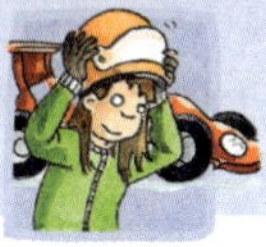

Lösung 54 Für jede richtige Aufgabe gibt es 1 Punkt.

670 : 5 = 134 ✓

500 : 5 = 100
150 : 5 = 30
20 : 5 = 4

100 + 30 + 4 = 134 ✓

994 : 7 = 143 f

700 : 7 = 100
280 : 7 = 40
14 : 7 = 2

100 + 40 + 2 = 142 ✓

844 : 4 = 221 f

800 : 4 = 200
40 : 4 = 10
4 : 4 = 1

200 + 10 + 1 = 211 ✓

585 : 9 = 65 ✓

540 : 9 = 60
45 : 9 = 5

60 + 5 = 65 ✓

750 : 2 = 378 f

600 : 2 = 300
100 : 2 = 50
40 : 2 = 20
10 : 2 = 5

300 + 50 + 20 + 5 = 375 ✓

704 : 8 = 88 ✓

560 : 8 = 70
80 : 8 = 10
64 : 8 = 8

70 + 10 + 8 = 88 ✓

Üben 55

Auf einer Wanderung kommen Anna und Paul an einem Bauernhof vorbei. Der Bauer erzählt ihnen, dass er 23 Gänse, 12 Hühner, 4 Hunde und einige Kaninchen hat. Zusammen haben alle seine Tiere 346 Beine. Wie viele Kaninchen besitzt der Bauer?

Rechnung:

Antwort: ....

Für die Kaninchen hat der Bauer 5 Ställe gebaut. Wie viele Tiere sind in einem Stall, wenn in jedem gleich viele Kaninchen untergebracht sind?

Rechnung:

Antwort: ....

Halbschriftlich dividieren
Textaufgabe

Lösung Für das richtige Ergebnis gibt es 5 Punkte, für die richtige Antwort gibt es 1 Punkt.

Rechnung:

Zweibeinige Tiere:	Vierbeinige Tiere:
23 Gänse + 12 Hühner	4 Hunde

$23 + 12 = 35$ $4 \cdot 4 = 16$

$35 \cdot 2 = 70$

$$
\begin{array}{r}
346 \quad \text{(Beine insgesamt)} \\
- \quad 86 \quad \text{(Beine der Gänse, Hühner und Hunde)} \\
\underline{1 } \\
260 \quad \text{(Beine der Kaninchen)}
\end{array}
$$

$70 + 16 = 86$

$\underline{260 : 4 = 65}$ (Geteilt durch 4, da Kaninchen 4 Beine haben)

$240 : 4 = 60$

$20 : 4 = 5$

Antwort: Der Bauer besitzt 65 Kaninchen.

Für das richtige Ergebnis gibt es 2 Punkte, für die richtige Antwort gibt es 1 Punkt.

Rechnung:

$\underline{65 : 5 = 13}$

$50 : 5 = 10$

$15 : 5 = 3$

Antwort: In jedem Stall sind 13 Kaninchen untergebracht.

Üben 56 Dividiere halbschriftlich und rechne die Probe mit der Malaufgabe.

62 : 5 =

5 0 : 5 =

1 2 : 5 =

83 : 6 =

67 : 4 =

1 1 5 : 9 =

1 0 6 : 7 =

1 5 6 : 8 =

5 3 : 3 =

1 1 9 : 8 =

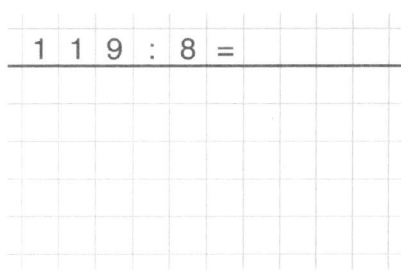

Halbschriftlich dividieren

Dividieren mit Rest

Lösung 56 Für jedes richtige Ergebnis gibt es 1 Punkt.

$62 : 5 = 12$ Rest 2
$50 : 5 = 10$
$12 : 5 = \ \ 2$ Rest 2
Probe:
$12 \cdot 5 = 60$
$60 + 2 = 62$

$83 : 6 = 13$ Rest 5
$60 : 6 = 10$
$23 : 6 = \ \ 3$ Rest 5
Probe:
$13 \cdot 6 = 78$
$78 + 5 = 83$

$67 : 4 = 16$ Rest 3
$40 : 4 = 10$
$27 : 4 = \ \ 6$ Rest 3
Probe:
$16 \cdot 4 = 64$
$64 + 3 = 67$

$115 : 9 = 12$ Rest 7
$90 : 9 = 10$
$25 : 9 = \ \ 2$ Rest 7
Probe:
$12 \cdot 9 = 108$
$108 + 7 = 115$

$106 : 7 = 15$ Rest 1
$70 : 7 = 10$
$36 : 7 = \ \ 5$ Rest 1
Probe:
$15 \cdot 7 = 105$
$105 + 1 = 106$

$156 : 8 = 19$ Rest 4
$80 : 8 = 10$
$76 : 8 = \ \ 9$ Rest 4
Probe:
$19 \cdot 8 = 152$
$152 + 4 = 156$

$53 : 3 = 17$ Rest 2
$30 : 3 = 10$
$23 : 3 = \ \ 7$ Rest 2
Probe:
$17 \cdot 3 = 51$
$51 + 2 = 53$

$119 : 8 = 14$ Rest 7
$80 : 8 = 10$
$39 : 8 = \ \ 4$ Rest 7
Probe:
$14 \cdot 8 = 112$
$112 + 7 = 119$

Üben 57

Markiere im Zahlenfeld von 101 bis 200 alle Zahlen, die beim Dividieren durch 5

- den Rest 0 haben,
- den Rest 1 haben,
- den Rest 4 haben.

(101)	102	103	(104)	(105)	106	107	108	109	110
111	112	113	114	115	116	117	118	119	120
121	122	123	124	125	126	127	128	129	130
131	132	133	134	135	136	137	138	139	140
141	142	143	144	145	146	147	148	149	150
151	152	153	154	155	156	157	158	159	160
161	162	163	164	165	166	167	168	169	170
171	172	173	174	175	176	177	178	179	180
181	182	183	184	185	186	187	188	189	190
191	192	193	194	195	196	197	198	199	200

Halbschriftlich dividieren

Welcher Rest bleibt?

Welcher Rest bleibt?

Lösung Wurden alle Zahlen mit Rest 0 (rot) gefunden, gibt es 2 Punkte.

Wurden alle Zahlen mit Rest 1 (grün) gefunden, gibt es auch 2 Punkte.

Wurden alle Zahlen mit Rest 4 (blau) gefunden, gibt es ebenfalls 2 Punkte.

101	102	103	104	105	106	107	108	109	110
111	112	113	114	115	116	117	118	119	120
121	122	123	124	125	126	127	128	129	130
131	132	133	134	135	136	137	138	139	140
141	142	143	144	145	146	147	148	149	150
151	152	153	154	155	156	157	158	159	160
161	162	163	164	165	166	167	168	169	170
171	172	173	174	175	176	177	178	179	180
181	182	183	184	185	186	187	188	189	190
191	192	193	194	195	196	197	198	199	200

Üben 58 Auf einer Stellenwerttafel werden Zahlen mit Plättchen gelegt. Teile alle sechs Zahlen durch 9. Was fällt dir auf?

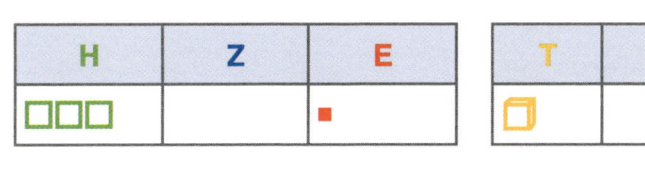

H	Z	E
□□□		▪

T	H	Z	E
▢			

H	Z	E
□□	I	▪▪

H	Z	E
□□	III	▪▪▪

H	Z	E
□□□□	II	

H	Z	E
□	I	▪

Rechnung:

$3\ 0\ 1 : 9 =$

Antwort: ....

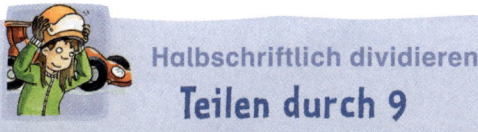

Lösung 58 Für jede richtige Rechnung gibt es 1 Punkt.
Für die richtige Antwort gibt es 2 Punkte.

Rechnung:

$301 : 9 = 33$ Rest 4
$270 : 9 = 30$
$\ 31 : 9 = \ 3$ Rest 4

$1000 : 9 = 111$ Rest 1
$900 : 9 = 100$
$\ 90 : 9 = \ 10$
$\ 10 : 9 = \quad 1$ Rest 1

$212 : 9 = 23$ Rest 5
$180 : 9 = 20$
$\ 32 : 9 = \ 3$ Rest 5

$233 : 9 = 25$ Rest 8
$180 : 9 = 20$
$\ 53 : 9 = \ 5$ Rest 8

$420 : 9 = 46$ Rest 6
$360 : 9 = 40$
$\ 60 : 9 = \ 6$ Rest 6

$111 : 9 = 12$ Rest 3
$90 : 9 = 10$
$21 : 9 = \ 2$ Rest 3

Antwort:

Es fällt auf, dass die Anzahl der Plättchen auf der Stellenwerttafel
immer dem Rest entspricht.

Üben 59 Welche Rechengeschichten passen zu der Rechnung 166 : 5 = 33 Rest 1? Kreuze an.

☐ Tobias hat 166 Sammelkarten. Er will sie an seine 5 Freunde verteilen. Wie viele Karten bekommt jeder?

☐ Sibel hat 166 Perlen. Daraus will sie 5 Ketten basteln. Wie viele Perlen braucht sie für jede Kette?

☐ Miriams Buch hat 166 Seiten. Sie hat schon 5 Seiten gelesen. Wie viele Seiten muss sie noch lesen?

☐ Lotte hat 166 Glasmurmeln. Ihre Oma schenkt ihr noch 5. Wie viele hat sie jetzt?

☐ Im Turnverein sind 166 Kinder. Sie sollen in 5 Gruppen aufgeteilt werden. Wie viele Kinder sind in einer Gruppe?

☐ Im Supermarkt stehen 166 Dosen in einem Regal. Am Montag und Dienstag werden jeweils 5 Stück verkauft. Wie viele sind noch übrig?

Lösung 59 Für jedes richtige Kreuzchen gibt es 2 Punkte.
Folgende Rechengeschichten passen:

☒ Tobias hat 166 Sammelkarten. Er will sie an seine
5 Freunde verteilen. Wie viele Karten bekommt jeder?

☒ Sibel hat 166 Perlen. Daraus will sie 5 Ketten basteln. Wie
viele Perlen braucht sie für jede Kette?

☒ Im Turnverein sind 166 Kinder. Sie sollen in 5 Gruppen
aufgeteilt werden. Wie viele Kinder sind in einer Gruppe?

TIPP

Bei manchen Textaufgaben hilft dir eine Zeichnung,
die Aufgabe besser zu verstehen.

Üben 60

Immer drei Aufgaben gehören zusammen: Rechenaufgabe – Überschlagsaufgabe auf Zehner gerundet – Überschlagsaufgabe auf Hunderter gerundet. Male zusammengehörende Kärtchen in derselben Farbe an.

678 + 293	800 + 20	800 − 400
234 + 619	300 + 300	340 + 340
986 − 678	540 + 320	790 + 20
672 + 222	300 − 100	200 + 600
847 − 449	500 + 500	680 + 290
260 − 123	990 − 680	480 + 480
539 + 321	670 + 220	500 + 300
344 + 344	230 + 620	700 + 200
484 + 478	700 + 300	1 000 − 700
792 + 19	850 − 450	260 − 120

Rechenregeln und Rechentricks
Runden und überschlagen

Lösung ⑥⓪ Für jede richtige Dreierzuordnung gibt es 1 Punkt.

678 + 293	800 + 20	800 − 400
234 + 619	300 + 300	340 + 340
986 − 678	540 + 320	790 + 20
672 + 222	300 − 100	200 + 600
847 − 449	500 + 500	680 + 290
260 − 123	990 − 680	480 + 480
539 + 321	670 + 220	500 + 300
344 + 344	230 + 620	700 + 200
484 + 478	700 + 300	1 000 − 700
792 + 19	850 − 450	260 − 120

Üben 61

Ordne die Rechenbegriffe der richtigen Rechenart zu und rechne mit den vorgegebenen Zahlen in deinem Heft.

Dividend	Faktor	Summe	Faktor
Minuend	Produkt	Quotient	Sum~~m~~and
Differenz	Subtrahend	Divisor	
Summand			

Summand + ... = ...

5H 6Z 1E + 3H 5Z 2E = ...

.... − .... = ...

9H 9Z 9E − 6H 6Z 6E = ...

.... · .... = ...

2H 3Z 2E · 4E = ...

.... : .... = ...

6H 7Z 2E : 3E = ...

Bilde nun die Differenz aus dem errechneten Produkt und dem errechneten Quotienten und addiere dann mit der errechneten Differenz.

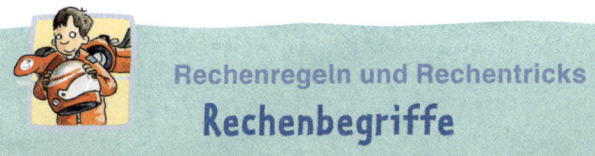

Rechenregeln und Rechentricks
Rechenbegriffe

Lösung Für jede richtige Wörterzeile und für jede richtige Rechnung gibt es 1 Punkt.

Summand + Summand = Summe
$561 + 352 = 913$

Minuend − Subtrahend = Differenz
$999 − 666 = 333$

Faktor · Faktor = Produkt
$232 · 4 = 928$

Dividend : Divisor = Quotient
$672 : 3 = 224$

$928 − 224 + 333 = 1037$

Üben 62

Kreuze an, ob die nachfolgenden Zahlen durch 2, 3, 4, 5 und 9 teilbar sind. Notiere, welche Teilbarkeitsregeln gelten.

	2	3	4	5	9
558	☐	☐	☐	☐	☐
909	☐	☐	☐	☐	☐
635	☐	☐	☐	☐	☐
540	☐	☐	☐	☐	☐
832	☐	☐	☐	☐	☐
78	☐	☐	☐	☐	☐
312	☐	☐	☐	☐	☐
234	☐	☐	☐	☐	☐

Eine Zahl ist durch:

2 teilbar, wenn ....
....

3 teilbar, wenn die Quersumme ....
....

4 teilbar, wenn ....
....

5 teilbar, wenn ....
....

9 teilbar, wenn die Quersumme ....
....

Rechenregeln und Rechentricks
Teilbarkeitsregeln

Lösung 62   Für jede richtige Zahlenreihe und für jeden richtigen
Satz gibt es 1 Punkt.

	2	3	4	5	9
558	☒	☒	☐	☐	☒
909	☐	☒	☐	☐	☒
635	☐	☐	☐	☒	☐
540	☒	☒	☒	☒	☒
832	☒	☐	☒	☐	☐
78	☒	☒	☐	☐	☐
312	☒	☒	☒	☐	☐
234	☒	☒	☐	☐	☒

Eine Zahl ist durch:

2 teilbar, wenn die letzte Stelle (Einerstelle) gerade ist.

3 teilbar, wenn die Quersumme durch 3 teilbar ist.

4 teilbar, wenn die letzten zwei Stellen durch 4 teilbar sind.

5 teilbar, wenn die letzte Stelle eine 0 oder 5 ist.

9 teilbar, wenn die Quersumme durch 9 teilbar ist.

TIPP

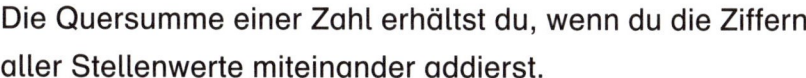

Die Quersumme einer Zahl erhältst du, wenn du die Ziffern
aller Stellenwerte miteinander addierst.

Die Quersumme von 689 ist 23, denn: 6 + 8 + 9 = 23

Üben 63 Kreise Aufgabe und Umkehraufgabe in derselben Farbe ein. Rechne im Heft.

 = 1    = 2   🎲 = 3   ⚽ = 4

🤡 = 5   👑 = 6   🔑 = 7   🏀 = 8

🦋 = 9   🍄 = 0

379 + 🤡👑🎲 = ...   🦋🐦🦋 + 563 = ...

🐦🏀🤡 · 🎲 = ...   🤡🐦🐦 : 3 = ...

999 : 🎲 = ...   130 · 🎲 = ...

👑🏀⚽ − 563 = ...   942 − 🤡👑 = ...

🦋🔑⚽ · 3 = ...   855 : 🎲 = ...

🍄 : 3 = ...   830 − 🤡👑🎲 = ...

267 + 🤡👑🎲 = ...   333 · 🎲 = ...

Rechenregeln und Rechentricks
Umkehraufgaben

Lösung⑥③ Für jedes richtige Aufgabenpaar gibt es 2 Punkte.

379 + 563   121 + 563

285 · 3   522 : 3

999 : 3   130 · 3

684 − 563   942 − 563

174 · 3   855 : 3

390 : 3   830 − 563

267 + 563   333 · 3

TIPP

Aus plus wird minus und aus mal wird geteilt.
Mit der Umkehraufgabe kannst du ein Rechenergebnis
überprüfen.

Ergänze die leeren Felder des Gitterrätsels durch Zahlen (rosa Felder) oder Rechenzeichen (gelbes Feld).
Rechne senkrecht und waagerecht.

Tipp: Denke an die Regel „Punkt vor Strich"!

145	·	5	−		=	714
·		+				:
4	+	85	−		=	3
:				−		:
4	·		−	34	=	
=		=		=		=
		81				119

Punkt- vor Strichrechnung

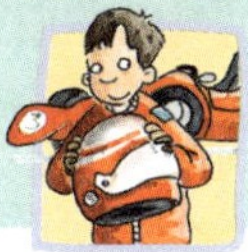

Lösung 64 Für jede richtig eingesetzte Zahl und das richtige Rechenzeichen gibt es 2 Punkte.

145	·	5	–	11	=	714
·		+				:
4	+	85	–	86	=	3
:		–		–		:
4	·	9	–	34	=	2
=		=		=		=
145		81		52		119

waagerecht v.o.n.u.:

145 · 5 – 11 = 714

4 + 85 – 86 = 3

4 · 9 – 34 = 2

senkrecht v.l.n.r.:

145 · 4 : 4 = 145

5 + 85 – 9 = 81

86 – 34 = 52

714 : 3 : 2 = 119

Üben 65 Finde die richtige Zahl.

Für Profis!

Vergrößert man meine Zahl um 222, multipliziert sie mit 2 und dividiert dann durch 6, so erhält man wieder meine Zahl.

356   111   545   29

Wenn man meine Zahl auf Hunderter rundet, erhält man 400. Wenn man sie um 90 vergrößert, ergibt sich eine durch 3 teilbare Zahl.

431   389   333   363

Meine Zahl ist durch 2 teilbar. Meine Zahl ist durch 9 teilbar. Meine Zahl ist durch 4 teilbar.

971   234   824   576

Die Quersumme meiner Zahl ergibt 21. Meine Zahl ist durch 4 und durch 6 teilbar.

867   948   268   678

Wenn man meine Zahl um 56 vergrößert und dann verdoppelt, ist das Ergebnis durch 7 teilbar.

36   397   253   112

Meine Zahl weniger 57 und dann durch 3 geteilt, ergibt das Doppelte von 11.

78   99   123   69

Rechenregeln und Rechentricks
Knobelaufgaben

Lösung 65 Für richtig eingekreiste Zahl gibt es 4 Punkte.

Vergrößert man meine Zahl um 222, multipliziert sie mit 2 und dividiert dann durch 6, so erhält man wieder meine Zahl.

356 (111) 545 29

Wenn man meine Zahl auf Hunderter rundet, erhält man 400. Wenn man sie um 90 vergrößert, ergibt sich eine durch 3 teilbare Zahl.

431 389 333 (363)

Meine Zahl ist durch 2 teilbar. Meine Zahl ist durch 9 teilbar. Meine Zahl ist durch 4 teilbar.

971 234 824 (576)

Die Quersumme meiner Zahl ergibt 21. Meine Zahl ist durch 4 und durch 6 teilbar.

867 (948) 268 678

Wenn man meine Zahl um 56 vergrößert und dann verdoppelt, ist das Ergebnis durch 7 teilbar.

36 397 253 (112)

Meine Zahl weniger 57 und dann durch 3 geteilt, ergibt das Doppelte von 11.

78 99 (123) 69

Trage hier ein, wie viele Punkte du bei den Übungen erreicht hast und ob die Aufgaben für dich leicht 😊 oder schwer 🙁 waren.

Halbschriftlich addieren und subtrahieren	Punktzahl	Erreichbare Punktzahl	😊	🙁
Üben 1		8		
Üben 2		12		
Üben 3		8		
Üben 4		9		
Gesamtpunktzahl		37		

Schriftlich addieren	Punktzahl	Erreichbare Punktzahl	😊	🙁
Üben 5		11		
Üben 6		3		
Üben 7		4		
Üben 8		11		
Üben 9		6		
Üben 10		6		
Üben 11		18		
Üben 12		4		
Üben 13		8		
Üben 14		9		
Üben 15		5		
Gesamtpunktzahl		85		

Trainingsergebnisse

Trainingsergebnisse

Schriftlich subtrahieren	Punktzahl	Erreichbare Punktzahl	🙂	🙁
Üben 16		11		
Üben 17		8		
Üben 18		11		
Üben 19		12		
Üben 20		10		
Üben 21		6		
Üben 22		10		
Üben 23		4		
Üben 24		9		
Gesamtpunktzahl		81		

Rechnen mit Zehner- und Hunderterzahlen	Punktzahl	Erreichbare Punktzahl	🙂	🙁
Üben 25		34		
Üben 26		9		
Üben 27		6		
Üben 28		8		
Üben 29		15		
Üben 30		12		
Üben 31		3		
Üben 32		4		

Rechnen mit Zehner- und Hunderterzahlen	Punktzahl	Erreichbare Punktzahl	🙂	🙁
Üben 33		30		
Üben 34		8		
Üben 35		10		
Üben 36		12		
Üben 37		10		
Gesamtpunktzahl		161		

Halbschriftlich multiplizieren	Punktzahl	Erreichbare Punktzahl	🙂	🙁
Üben 38		8		
Üben 39		8		
Üben 39		12		
Üben 41		6		
Üben 42		16		
Üben 43		4		
Üben 44		2		
Üben 45		10		
Üben 46		8		
Üben 47		8		
Üben 48		9		
Gesamtpunktzahl		91		

Trainingsergebnisse

Trainingsergebnisse

Halbschriftlich dividieren	Punktzahl	Erreichbare Punktzahl	🙂	🙁
Üben 49		11		
Üben 50		6		
Üben 51		3		
Üben 52		8		
Üben 53		6		
Üben 54		6		
Üben 55		9		
Üben 56		8		
Üben 57		6		
Üben 58		8		
Üben 59		6		
Gesamtpunktzahl		77		

Rechenregeln und Rechentricks	Punktzahl	Erreichbare Punktzahl	🙂	🙁
Üben 60		10		
Üben 61		9		
Üben 62		13		
Üben 63		14		
Üben 64		14		
Üben 65		24		
Gesamtpunktzahl		84		

Endergebnis: .... von 616 erreichbaren Punkten.

bis 199 Punkte: Prima, dass du alle Aufgaben bearbeitet und so fleißig trainiert hast! Du solltest jetzt noch weiter üben, um sicherer im Rechnen zu werden. Das Buch „Jetzt werde ich Mathe-Champion 3. Klasse" kann dir dabei helfen. Dort findest du viele weitere Übungen.

200 bis 399 Punkte: Du hast vieles richtig gemacht und toll durchgehalten! Wenn du weiter regelmäßig trainierst, kannst du zu einem richtigen Rechenprofi werden. Dazu solltest du dir die Aufgaben nochmals genau ansehen, bei denen du in den Trainingsergebnissen dieses Zeichen angekreuzt hast: 🙁.

400 bis 616 Punkte: Herzlichen Glückwunsch! Du bist fit im Rechnen! Nun ist es wichtig, dass du durch regelmäßiges Training deine gute Form hältst. Suche dir für die Freiarbeit in der Schule oder zum Üben zu Hause immer wieder Aufgaben zum Einmaleins aus.

Trainingsergebnisse

Auf Klassenfahrt

Die Kinder der Klassen 3a und 3b treffen sich am Neustädter Bahnhof, um ins Technikmuseum nach Wallhausen zu fahren. Der Zug fährt um 7.20 Uhr ab. Die Fahrtstrecke beträgt 86 km. Leonie, Vanessa und Max aus Klasse 3a sind um 6.55 Uhr die ersten am Bahnhof. Alle 9 Mädchen der Klasse 3b erscheinen 3 Minuten später. 5 Jungs aus der Klasse 3b treffen um 7.01 Uhr ein. Johanna und Julia aus der Klasse 3a kommen um 7.03 Uhr zum Treffpunkt. Der Lehrer der Klasse 3b, Herr Bilicani, schafft es mit Luca und Cedric aus der Klasse 3b um 7.17 Uhr gerade noch rechtzeitig. Die übrigen 8 Jungen und 5 Mädchen aus der Klasse 3a werden um 7.29 Uhr an der nächsten Haltestelle zusteigen, gemeinsam mit ihrer Lehrerin, Frau Linde. Tom und Jonas aus der 3b verpassen den Zug. Nach genau der Hälfte der Strecke steigt die Reisegruppe um 7.49 Uhr in Burgfelden um. Die Rückfahrt ist um 16.34 Uhr geplant. Immer 4 Personen fahren pro Strecke mit einer Gruppenkarte für 19 Euro.

Fragen:
1. Wie groß ist die Reisegruppe insgesamt?
2. Wie viele Kinder aus Klasse 3a und aus der 3b reisen mit?
3. Wie viele Schülerinnen gehören zur Reisegruppe?
4. Wie viele Jungen besuchen die Klasse 3b?
5. Nach wie vielen Kilometern muss die Gruppe umsteigen?
6. Wann ist der Zug in Wallhausen?
7. Wie hoch sind die Fahrtkosten insgesamt?
8. Wann kommt die Reisegruppe wieder in Neustadt an?

Rechenmandala

Rechne von innen nach außen. Die gelben Felder zeigen dir die Rechenart an. Fülle alle leeren Felder aus.

Tipp: Drehe das Blatt so, dass du jede Aufgabenkette direkt vor dir hast und von der Mitte nach außen rechnen und schreiben kannst.

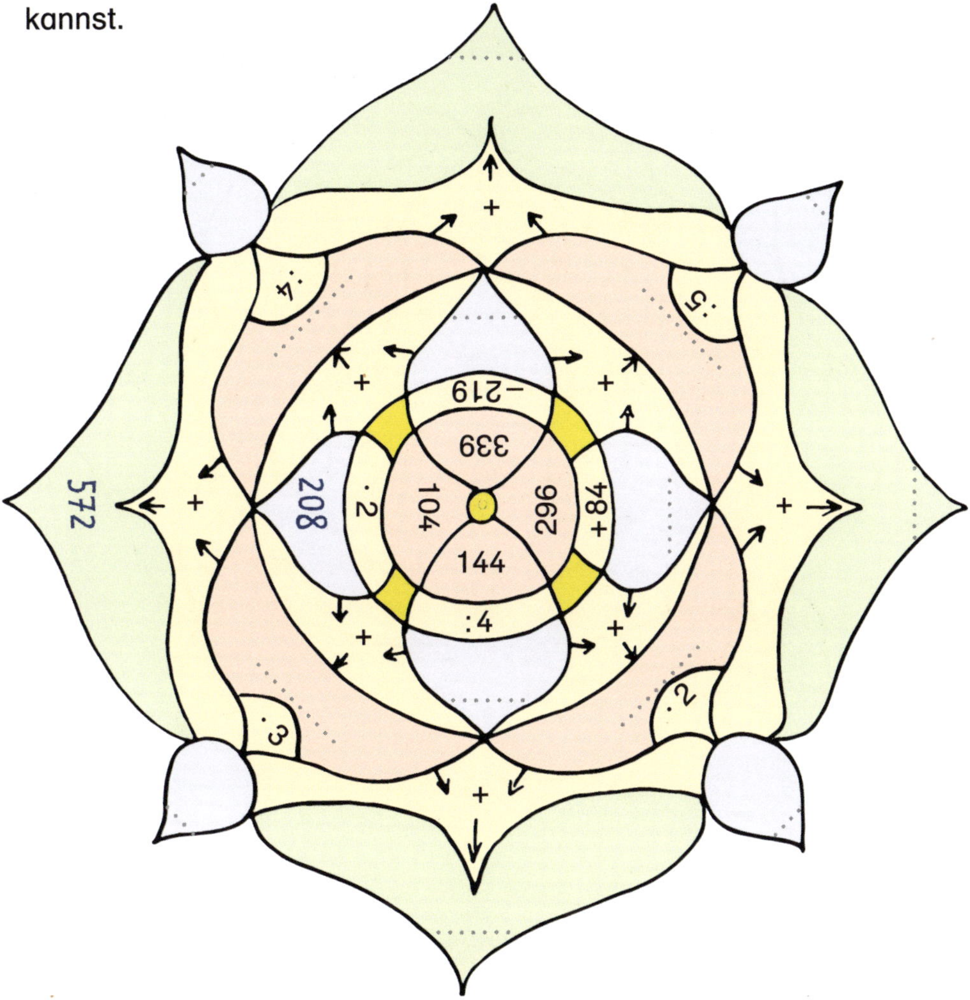

Zahlen im Mandala (von innen nach außen):

- + : 339, −219
- +8, 996 (·5)
- :4, 144
- ·2, 104, 208 (·4), 572
- ·3, ·2

Knobelei für Rechenprofis

Lösung zum „Rechenmandala"

Male das Rechenmandala in deinen Lieblingsfarben aus.

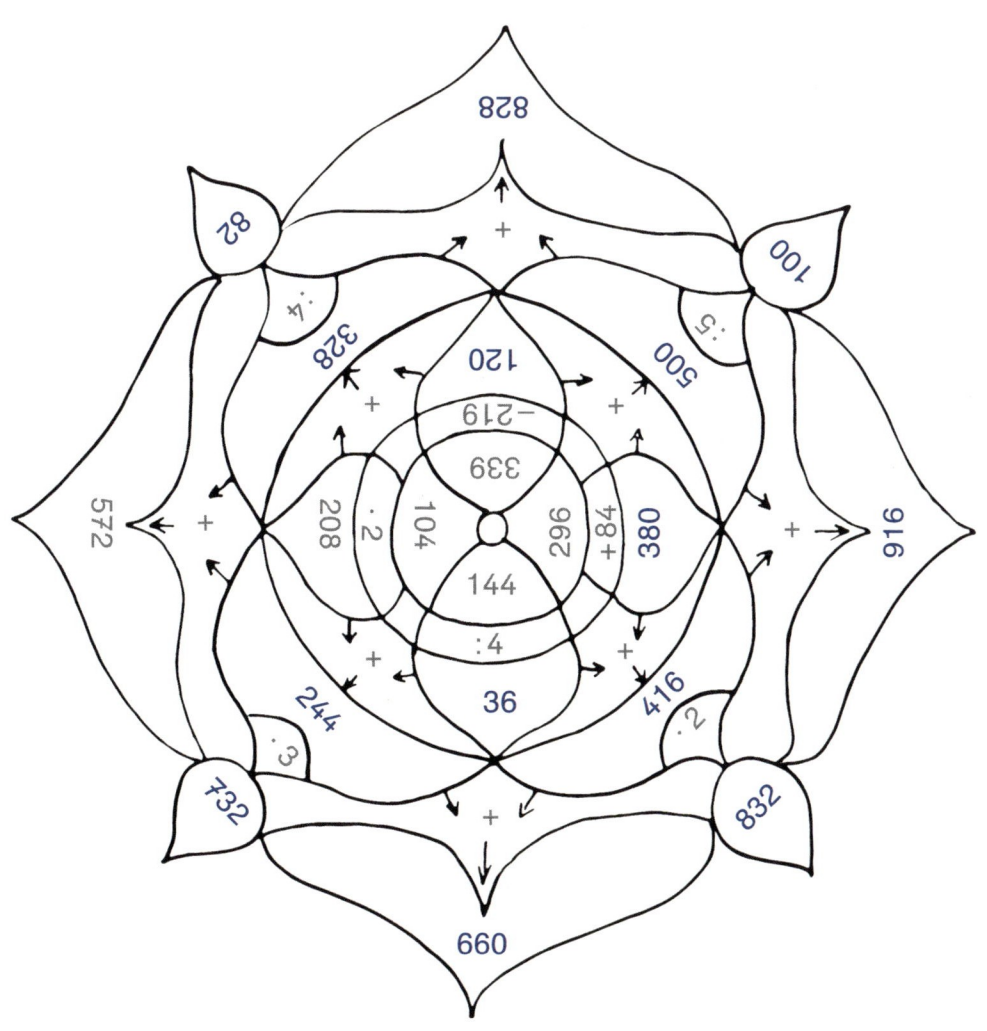